ホワイトカラー消滅

私たちは働き方をどう変えるべきか

冨山和彦 Toyama Kazuhiko

NHK出版新書
728

はじめに　シン・学問のすゝめ

「天は人の上に人を造らず、人の下に人を造らず」と言えり。

この国が歴史的な大転換を行っていた明治初期、福沢諭吉翁は新しい時代の日本人のあるべき姿について、啓蒙書『学問のすゝめ』を著《あらわ》した。これは有名な冒頭の一節である。福澤は新しい時代の扉を開くには、日本人自身をアップデートしなくてはならず、そのために何を学ばなければならないか、を啓蒙するためにこの名著を世に出した。

『学問のすゝめ』は300万部の大ベストセラーになり、当時は人口3000万人程度だったので、実に日本人の10人に一人が読んだことになる。まさに国家のトランスフォーメーションは国民のトランスフォーメーションでもあったのだ。

ひるがえって現在、我が国は新たな大転換期を迎えている。グローバル化、デジタル革命、気候変動、権威主義国家の台頭と安全保障環境の変化、低迷する産業競争力・生産性・所得水準、少子高齢化の進行、財政危機などなど、我々に大きな変化を迫る要因がお互いに絡まりあいながら目白押しだ。

そこに決定的なインパクトを与える変化は、今まで社会の中心を占めていた「ホワイトカラーサラリーマン階級」が崩壊しようとしていることと、明治以来、一貫して増加してきた人口（若年層先行型）がいよいよ減少フェーズに入ったことである。過去には、明治維新で人口比1割ほどだがそれまでの支配階級だった士族が失業する一方で、産業化、近代化によって国全体は人口増加モードに転換した。これに匹敵する、極めて国民生活的リアリティーのある大変化が起きようとしているのだ。

明治維新がそうであったように、大転換期は危機であると同時に飛躍のチャンスでもある。まさに160年ぶりの大トランスフォーメーションを現代の日本人は迫られているのである。

これからの日本は、少子高齢化による深刻な人手不足と、デジタル化の進展による急激なホワイトカラーサラリーマンの減少と人余りが同時に起こる社会に突入する。人手不足はローカル産業で生じ、人余りはグローバル産業で顕著に起こる。

これを放置するとローカル産業が成り立たなくなり、人々の生活を支えるサービスが停滞する。同時に、日本の競争力の源となるグローバル産業の競争力が極端に落ち、国際競争力の低下によって日本は経済植民地化される危険性がある。

これは、近い将来に現実に起こることであり、すべての日本人が避けては通れない。こうなったのは、私たち日本人が自らさまざまな選択をしてきた結果であり、その結果はすべての日本人が受け入れなければならない。だからこそ迫りくる危機的状況を回避するための方策をすべての日本人が考え、議論し、自らの生存を懸けて実行しなければならない。我々自身の選択と変容、まさに福沢諭吉翁が明治初期に問うた日本人の選択と変容が、令和の今、再び問われているのだ。


かかる衰退を受け入れ、精神的にも物理的にも貧しい暮らしを選択するのか。

あるいは、然るべき手段で然るべき方向に日本を導き、危機的状況から脱するのか。脱するために、何をしなければならないのか。

私たちは職業人として生活者として、どう自らをアップデートすべきなのか。

衰退の途上にあるホワイトカラーは、このまま座して緩慢な死を待つのか。

それとも、自らの思考と行動を改めることで活路を見出すのか。

そのためには何を学び直すべきなのか。

ホワイトカラーの見出した活路は、日本の危機的状況を回避する決定打になるのか。

新しい日本と日本人のありようとはどのようなものか。

本書は、その解を導くための書、まさに令和版の「シン・学問のすゝめ」となることを意図したものである。

1937年、同じく歴史的な変曲点に向かっていた日本で書かれた吉野源三郎氏の『君たちはどう生きるか』。最近、その漫画版が出され、200万部をこえる大ヒットとなった。世の多くの人々が、既存の標準的な生き方が失われていくことを実感している証左ではないか。国家レベルの問いも、企業レベルの問いも、結局は最後の「新しい日本と日本人のありようはどのようなものか?」に収れんする。ホワイトカラー消滅を前にして、まさに「私たちはどう生きるか」が最重要な問いになっているのだ。

本書をお読みいただいた皆さんが我が事として問題を捉え、解を模索し、個人として、リーダーとして行動することで、喫緊《きっきん》の課題として迫る人手不足の問題を克服することを願ってやまない。さらに、日本人の生活を身近で支えるローカル産業とエッセンシャルワーカーが活性化し、人口減少が避けられない日本の労働生産性が上昇し、魅力あふれる国家になっていけば本望だ。

そして同時に、グローバル産業が再び世界に伍して戦えるようになり、ホワイトカラーが、シン・ホワイトカラーとしてその能力を伸ばすとともに、多くのホワイトカラーが自らの存在価値と働き場所を新たに見出し、実りある人生を送ってほしいと願うばかりだ。

２０２４年10月

ＩＧＰＩグループ会長
日本共創プラットフォーム代表取締役社長　冨山和彦

ホワイトカラー消滅——私たちは働き方をどう変えるべきか　目次

第3章 エッセンシャルワーカーを「アドバンスト」にする……135

編集協力　新田匡央
校閲　東京出版サービスセンター
図版・本文組版　米山雄基

序章 労働力消滅、ふたたび

10年前にも指摘していた人手不足の実態

およそ10年前の2014年6月、私は『なぜローカル経済から日本は甦るのか　GとLの経済成長戦略』（PHP新書）という書籍を上梓し、当時すでに進みつつあったローカル経済の人手不足に警鐘を鳴らした。ローカル産業における深刻な人手不足の状況は、2010年ごろから顕著になってきたと考えていい。それは統計にも表れ、地方でも中央でも、現場では実感されていた事象だった。

当時の第二次安倍内閣はこの問題を認識し、地方創生を重要政策アジェンダとして相当規模の補助金なども投じたが、なかなかその政策効果は上がっていない。これは構造問題であり、経済の担い手である企業自身、人材教育に関わる大学自身の構造転換が進まなかったからだ。

迫りくる労働供給制約社会とホワイトカラーの人余り

あれから10年。

2023年3月、リクルートワークス研究所が「未来予測2040　労働供給制約社会がやってくる」という報告書を公表した。そこには、2040年に1100万人の働き手が不足するという衝撃的なデータが掲載された。2020年から2040年までの20年間で、生産年齢人口が1428万人減少する。この深刻な労働供給不足と微増する労働需要との乖離《かいり》が、およそ1100万人にまで広がってしまうという予測である。

古屋星斗《ふるやしょうと》氏、および彼の所属するリクルートワークス研究所は、その著書『「働き手不足1100万人」の衝撃』（プレジデント社）のなかで、「生活を維持するために必要な労働力を日本社会は供給できなくなるのではないか」と述べる。

リクルートワークスが集計した図では、2022年の時点で労働需給が依然として均衡しているようにも見える。若者の人口流入が続く東京圏を含めた全国の平均では確かにまだ何とか持っているのかもしれないが、私が警鐘を鳴らしたように、2013年の時点ですでに、地方のローカル経済では労働供給制約が始まっていた。

10年後の現在、当時より深刻度合いは増している。第2章で触れるように、人手不足によるさまざまな負の影響が露呈し始めている。このまま手をこまぬいていると、2040年どころではなく5年、10年というスパンで日本はきわめて厳しい状態に追い込まれる。こうした労働供給制約社会が現実味を増す一方で、この10年で別の新たな問題が顕在化しはじめている。

三菱総合研究所の試算によると、2035年時点の労働供給市場において、約480万人の雇用減少が起きるという報告が出された。この最大の要因は、デジタル・トランスフォーメーション（DX）などによる省力化・効率化や、生成AIによって人間が行っていた単純作業が代替されることである。この影響は、ローカル経済で販売やサービスを担う人材に及ぶ。もっともこれは、先ほど指摘した不足する労働供給を補うものとしてプラスに作用する。

むしろ、深刻な影響を受けるのはグローバル経済におけるホワイトカラーだ。仕事を奪われ、行き場を失う可能性が高い。

同じ試算で、三菱総合研究所は、2035年にホワイトカラー（事務担当）が180万人余剰になるとしているが、実際はすでに始まっている。むしろ、その傾向に拍車がかかっている状態だ。今後、グローバル経済圏におけるホワイトカラー、つまり都市部のオフィスでパソコンを前に働くビジネスパーソンと呼ばれる人々の大半は必要なくなる。

そこでグローバル経済で勝負する企業が余剰人員を抱え続けると、人件費負担が重くのしかかる。あるいは余剰人員を抱え続けるためにDXの徹底が遅れる。これらは、グローバルにおける競争力の低下を招き、企業の稼ぐ力を停滞させる。すると、グローバル経済における過酷な競争に敗れ、日本の国力は低下の一途をたどる。

おそらく企業はこれまでのように余剰人員を抱え続けることができなくなるだろう。現に、不景気でもないのに継続的に40代以上の中高年のリストラを実施しているトップ企業

図　2040年までの労働需給のシミュレーション

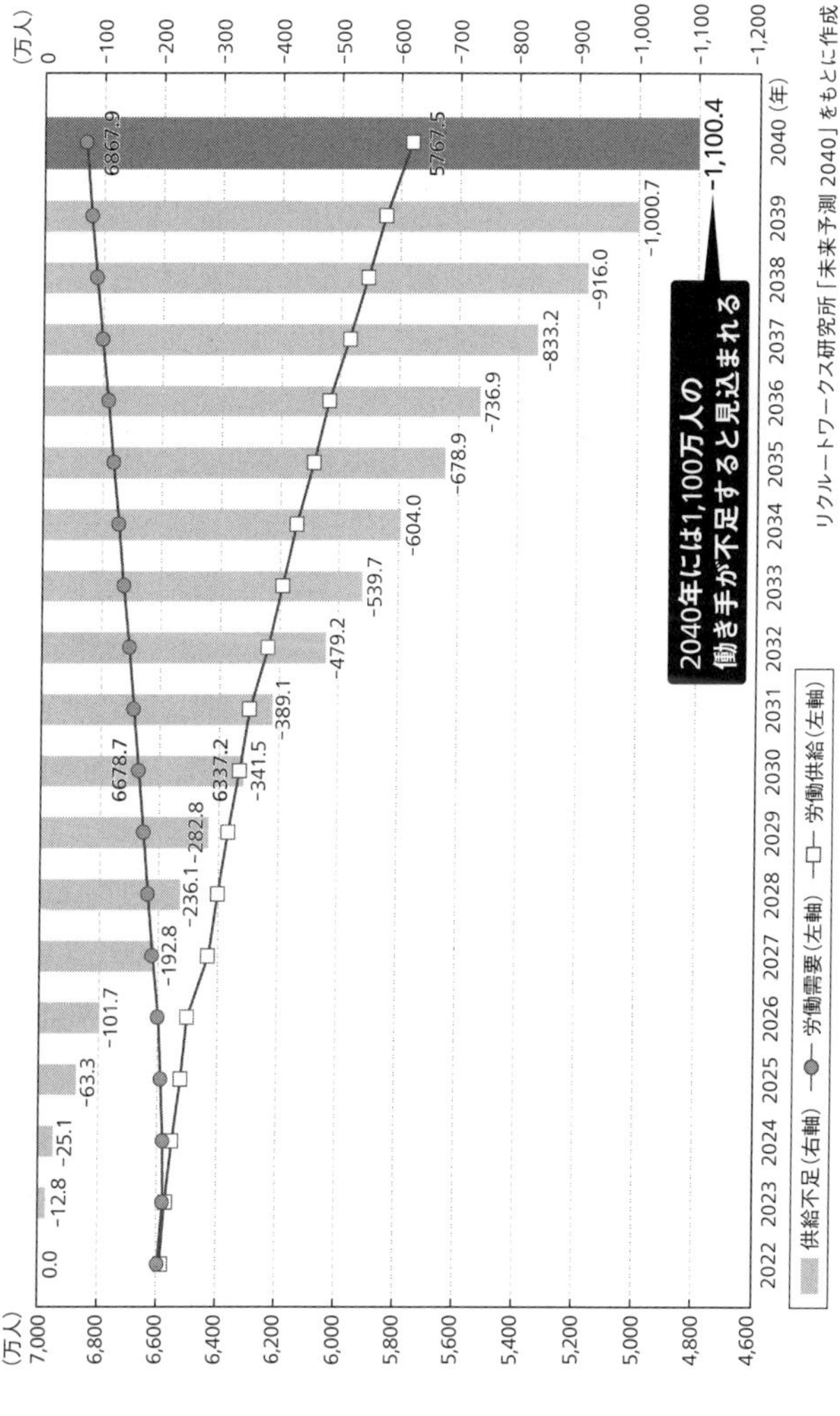

リクルートワークス研究所「未来予測 2040」をもとに作成

は増え続けている。

一方、人手不足が深刻化しているにもかかわらず、ローカル経済における賃金上昇のカーブは緩《ゆる》やかなままで停滞していて、急激に進行しつつある物価上昇に耐えられなくなる恐れが出てきた。

このままでは、物価高で消費が停滞するインフレ下の不況、すなわちスタグフレーションに陥る可能性がある。日本の7割から8割を占めるローカル経済圏で生きる人々にとって回復不能な地盤沈下が進んでしまう恐れがあるのだ。

付加価値労働生産性の大幅な押し上げしか道はない

従来、グローバル経済圏はローカル経済圏より生産性も賃金水準も高い。大雑把に平均すると倍くらいの違いがある。これはそのままホワイトカラー正社員サラリーマンと非正規の現場ワーカーの賃金格差でもある。東京大学の星岳雄《ほしたけお》教授の分析によると、「失われた30年」の賃金停滞のもっとも大きな要因は、フルタイムワーカー（正規雇用）から時間賃金単価でその半分しかないパートタイムワーカー（非正規雇用）への移行が進んだことにあるようだ。

生産性格差を所与とし、この現象に素直に反応すると、所得の押し上げのためにグローバル経済圏の量的な再拡大とホワイトカラー正社員サラリーマンの再増加を政策的に模索することになる。いわゆる「分厚い中間層」の復活論というやつだ。

実際、国もそのためにさまざまな政策努力を続けてきたが、10年前に私が『なぜローカル経済から日本は甦るのか』で明らかにした通り、ローカルシフトには構造的な必然性があり、「分厚い中間層」復活論は大きな効果を上げていない。むしろその後も雇用のローカルシフト圧力は強まり、加えてこのあと縷々《るる》論じるようにグローバル経済圏の主役だったホワイトカラーサラリーマンというモデルが衰退モードに入りつつある。

こうした中で前述のような労働供給制約時代に入ったということは、漫然と従来の構造と発想を維持している限り、幻想の中間層モデルを追いかけながら、現実には賃金水準の停滞は続き、社会活動の維持は難しくなり、人口減少にも歯止めがかからず、総体として国力は減退していくことになる。資源の乏しい島国である我が国とそこに暮らす人々の生活の持続性の危機はじわじわと深化していく。今、現象化しているスタグフレーション的な症状は、かかる構造問題が顕在化しているのである。

では、どうすればいいのか。

全体としての労働供給制約と、それを微分すると見えてくるグローバル経済圏の人余りとローカル経済圏の人手不足――。このような正反対の構造的不均衡を解消し、労働供給制約下の成長と実質賃金上昇を実現するためには、付加価値労働生産性を上げること、特に雇用者比率的な拡大を続けるローカル経済圏の生産性を大幅に上げるしか道はない。

実際2022年のデータで、ドルベースの国際比較において、日本の労働生産性はOECD加盟38か国中30位に低迷し、時間当たり52・3ドルでトップのアイルランドの約半分に甘んじた。名目なので為替の影響を受けるが、2022年は平均1ドル130円くらいであり、とくに円安感も円高感もない頃なので、低水準に低迷している事実は否定できない。これを、トップ水準を目指して思い切り引き上げるのだ。

付加価値労働生産性は、次の式によって求められる。

付加価値労働生産性＝
付加価値額（売り上げ－外部費用≒粗利）÷労働量（人数×労働時間）

式から明らかなように、付加価値労働生産性を上げるには、分子の粗利を増やす（売り上げを増やす・外部費用を削減する）か、分母の労働量を減らすしかない。

「失われた30年」日本社会が選択したのは賃金よりも雇用

かつて世界最高水準の一人当たりＧＤＰを誇った我が国の生産性は、なぜかくも低位に後退したのか。

付加価値労働生産性を上げる手っ取り早いルートは、ＩＴ化（デジタル化・ＤＸなど）を積極的に進めることである。ＩＴ化は企業の管理業務を置き換えていく役割を担い、労働量の削減だけでなく、外部費用の一部も削減する効果がある。

しかし、日本ではＩＴ化がなかなか進まなかった。

それは、もちろん経営者の能力が低かったこともある。だが、企業には人材の余剰感があったため、真剣にＩＴ化を進めると人材の余剰がさらに深刻化する恐れがあった。経営者が自覚的だったかどうかはともかく、そのせいでＩＴ化に躊躇したという背景があったことは否めない。そういう意味では、それを乗り越える経営者の胆力、決断力が足りなかったということだろう。日立のように見事にそれを乗り越えた企業はあるのだから。

もう一つの要因は、日本社会が抱えてきたきわめて難しい構造問題である。

１９９０年代前半のバブル崩壊以後、「失われた30年」と呼ばれる停滞の間、日本社会には人材の余剰感が強かった。とくに、２０１０年代前半までの20年間については、明らかに人手が余っていた。

その主な要因は「人口のふたこぶラクダ」が生産年齢人口世代だったからだ。１９４７年から１９４９年に出生した８０６万人におよぶ「団塊の世代」が、40代半ばから60歳の定年間際だったのがこの20年間である。加えて、１９７１年から１９７４年に出生した団塊の子ども世代にあたる「団塊ジュニア世代」も、１９８０年代後半から生産年齢人口に入った。そのため、この20年間は突出した人口を抱える世代が生産年齢人口に分布していたことになる。

日本社会は、この「ふたこぶラクダ」を吸収しなければならなかったが、バブル崩壊以降、経済成長率が急降下し、人材の余剰感はきわめて強かった。しかも、グローバル産業で戦う日本企業は、世界で急速に進みつつあった産業構造の転換についていけなくなった。グローバル化とデジタル化のダブルパンチで苦戦を強いられ、余剰人員を吐き出さなければ経営を維持することができなかった。

グローバル企業を中心に、日本企業は相次ぐリストラを行い、同時に新規採用を極端に絞り込む形で人材の余剰感を削った。その代償として行き場を失った人材の受け皿的に機能したのがローカル産業である。多くの人たちが、ローカル産業の非正規雇用や中堅・中小企業に流れた。

このとき、苦境に立たされたグローバル産業の多くが、世界との競争をお得意のコストダウンアプローチで生き残ろうとした。そこで国内の従業員を一気にリストラして人件費の安い海外に活動拠点を移すと、失業問題がさらに深刻になりかねない。正社員として雇ってしまった現有雇用を少しでも守るためには、新規採用と賃金を抑えながら漸進的に取り組むしかない。つまり、低価格戦略で何とかビジネスを守り、余剰人員を抱えたまま経営を続けるという、低付加価値労働生産性戦略を選択することになる。グローバル産業における日本企業の概《おおむ》ねは、従業員に賃金上昇をできるだけ我慢させ、雇用の人数を安定させる方針を選択したのである。

「欲しがりません、勝つまでは」——戦時中のスローガンさながら、労使間の合意でも賃金よりも雇用を守ることが重視された。これが30年にわたる賃金停滞の真因である。

デフレ的安定の代償として得たものとは……「停滞なる安定」の時代

一方、受け皿となったローカル産業も事情は変わらない。非正規雇用も中小企業もまったく同じで、付加価値労働生産性を上げると雇用の吸収力がなくなる。したがって、ローカル産業の中堅・中小企業は、社会全体の調和のために低い労働生産性を受け入れた。政府も低生産性企業を色々な形で延命支援し、これを支えた。

人々が低賃金で働くことを受け入れ、利益を出すことよりモノやサービスの価格を下げて仕事をどうにか確保することを選択したのだ。

モノやサービスの価格を下げてしまうと、外部費用を積極的に削減しない限り付加価値額は下がる。ＩＴ化をせずに付加価値額の下落を受け入れるには、本来は分母の労働量を減らすしかないが、人材を切り捨てないとしたら、賃金を下げることを受け入れるしかない。ストレートに賃下げ、あるいは非正規化による実質賃下げ、長時間労働による賃金単価の押し下げなどなど、結果的にブラックなビジネスモデルが世に憚《はばか》ることになる。

こうしてグローバル経済圏、ローカル経済圏ともに付加価値労働生産性が下がり、賃金（＝付加価値労働生産性×労働分配率）停滞で消費が弱って、さらにモノやサービスの価格が下がるという負のスパイラルに陥った。

これは、典型的なデフレサイクルである。日本社会の「失われた30年」は、この負のスパイラル、もっと言えば現状維持的な低成長を容認することで、昭和の（正社員の）終身雇用と年功制を前提とした経営・社会モデルによる安定を引っ張ってきたのである。

ただし、その代償として手に入れたものもある。賃金が下がっても、同時に物価も下がっていたので、社会全体として極度の貧困状態に陥ることはなかった。

もちろん、相対的貧困問題はジワジワと深刻化していたが、これだけ賃金が増えず、経済が停滞した社会でも、安全や安心が大きく毀損《きそん》されることはなかった。人々の心がすさみ、スラムが出現し、うかつに街を歩くと刺されるという荒廃した状況にはならなかった。むしろ、凶悪犯罪は減り、日本を訪れる外国人から「日本はなんと安全で、リラックスして街を歩けるところか」と高い評価を得ているほどだ。それは、日本社会が「停滞なる安定」を選択し、30年にわたる経済の大停滞の代償として手にしたものだった。所得も税収も伸びず、少子高齢化も進むなかで家計の経済的安定を維持しようとすれば財政は悪化する。現在の極めて厳しい財政事情も「停滞なる安定」の代償なのだ。

仮に、日本社会が「失われた30年」を回避するために成長を選択していたら、もっと激しくダイナミックに産業、企業、事業、人材の新陳代謝を促さなければならなかった。当然、さまざまな摩擦や軋轢《あつれき》が生まれ、より多くの人々が劇的な変化、変容についていけなくなり、(それが一過性であっても)失業者になっていた、あるいはキャリアの出直しを強いられ、あるいはそれについていけずに格差の底に沈んでいただろう。日本社会はこれを回避するために、成長を犠牲にしたということなのだ。

2001年4月から2006年9月の小泉純一郎政権時代に、停滞モードから成長モードに移行しかけた時期があった。私自身も産業再生機構の実務トップとしてそれを推し進めた。ところが、日本社会はそれに耐えられそうもないと本能的に感じ取ったのか、「行き過ぎた改革」への批判が巻き起こり、再び停滞モードに戻って行った。日本は民主主義なので、国民が望んだ結果は私たち国民自身が受け止めざるを得ないのである。

加えて、2008年のリーマンショック、2011年の東日本大震災、2020年からのコロナショックなどが立て続けに襲ってきたため、安定第一モードが継続された。社会的にダイナミックな付加価値労働生産性の上昇に挑戦しにくい環境にあったのが、「失われた30年」の背景にあったことは認識しておかなければならない。

「デフレ的安定」から「インフレ的均衡」へ変わっていけるか

しかし、日本社会が選択したこれまでの「デフレ的安定」から、いよいよ脱出しなければならない時期が訪れている。

原因の一つは、アベノミクスの効果である。これだけ長期にわたって金融緩和を継続していると、さすがに為替が弱くなり、円安によるインフレ圧力が高まっている。加えて、世界情勢の不安定性に起因するエネルギーコストの高騰によっても、外因的インフレ圧力が強くなってきた。コロナショックがなければ、おそらく2020年ごろからインフレが始まっていた可能性が高い。

もう一つの原因が、冒頭で触れた「労働供給制約」である。人手不足は市場圧力によって賃金を押し上げるため、賃金デフレは成立しなくなる。賃金が上がれば、先ほどのデフレの負のサイクルが崩れるので、デフレ的安定が均衡しないことになる。

この労働供給制約は、先ほど述べたように2010年代前半から急激に進行しているはずだ。同時に、10年前、私が『ローカル経済からなぜ日本は甦るのか』を上梓したあたりから非正規雇用の増加も止まり始めている。現在、本人が自ら非正規雇用を望まなければ、ほとんどの場合、正規雇用を享受できる。

この状況をもたらした明らかなインパクト要因は、団塊の世代の大量退職だ。1947年に出生した団塊の世代の先頭集団が、2012年に65歳を迎えて社会の第一線から外れた。このあたりで、ふたこぶラクダの一つのこぶがなくなった。

労働総需要は、総人口に影響を受ける。人口減少はわずかながら進行しているものの、総需要を下方に強くドライブさせるほどではない。むしろ医療介護などの社会福祉サービスや運輸、物流などのエッセンシャルワーカー領域の労働需要は増加傾向にある。しかも、最近はインバウンドが増加しているため、観光産業の労働需要も増えている。総労働需要は減っていないのだ。

一方、少子化の影響により生産年齢人口は常に先行的に減少する。高齢者が多く生産年齢人口が少ない「逆ピラミッド構造」になり、常に労働供給が不足する社会になる。これは出生率が定常的に「2」を超え、それが30年以上続き、その世代が生産年齢人口の中心にならないと「正のピラミッド構造」には戻らない。

政府の少子化対策が奏功し、日本人の家族観が劇的に変わることで出生数2がどこかで実現するとしても、いったいいつのことになるかわからない。そうなると、リクルートワークス研究所が指摘する「1100万人の働き手不足」になるのは確実で、むしろこの先20年から30年のスパンでは、ほぼ確定している。すでにさまざまな業種で人手不足が顕在化しているが、これはコロナ明けの一過性の現象ではなく、完全に構造的である。今後、長期にわたりますます深刻化する。人手不足問題はまだまだ序の口なのだ。

2012年以降の長期的な傾向として、失業率は完全雇用と言われる約3%以下で推移している。この数字は、ほぼ自発的な失業者しかいないことを意味する。そうなると、人手が余っていた時代のように低賃金のまま「欲しがりません、勝つまでは」が成り立たない。人手が足りないから、今度は人の取り合いになる。必然的に、市場原理として賃金が上がり始めるので、これまでのデフレ的均衡から、新たに「インフレ的均衡」に向かう。

これまでの「モノの価格を下げる・賃金も下がる・物価が下がる」というサイクルは、それなりに均衡していた。盛り上がりには欠けるが、生きてはいける。だからこそ、社会も荒廃しなかった。しかし、今度はインフレにより物価が上がるので、賃金も上昇しなければ生きていけなくなる。

賃金が上がれば、企業は賃金を上げるためにモノの価格を上げる。当然のことながら物価が上がる。物価が上がれば、それに引きずられるようにさらに賃金が上がり、さらに物価が上がる。賃金と物価が下がり続けるデフレ的均衡から、賃金と物価がどちらも上がり続けるインフレ的均衡に切り替わらざるを得なくなる。

この大転換に日本社会は対応できるだろうか。

低生産性だからこそ伸びしろは大きい――「停滞なる不幸」は回避できる

この大転換によって、さまざまなことが180度変わる。

このようなインフレモードに入っているとき、労働力供給制約社会になっている状態はけっして悪くない。ここで余剰人員を抱えていると、物価上昇に賃金上昇が追いつかなくなる可能性がより高いからだ。人手が余っていたら、完全にスタグフレーションだ。

ヨーロッパが今、その悪い状態に陥りかかっていて、移民層を中心に失業率がきわめて高い。それが政治的な不安定を生んでいる。しかし日本全体で見た場合は、ローカル産業を中心にとにかく人手が不足している。スタグフレーションになりそうでならないのは、労働供給制約社会になっているためだ。今のうちに手を打っていけば、ヨーロッパのようにはならない。

いずれにせよ、現在のメンバーシップ型の雇用体系をジョブ型・スキルドベース型に切り替えないと、十分に高い給料が出せず、優秀な人材も集まらない。つまり、マーケットプライスによって賃金が決まる仕組みに変えなければならない。

これまでの日本の労働市場は、内部労働市場偏重型だった。外部労働市場には基本的に暗黙のカルテルがあり、お互いに使わないという前提があった。つまり、電機メーカーから別の電機メーカー、自動車メーカーから別の自動車メーカーへの転職は御法度だった。内部労働市場に隔離することでメンバーシップ型の雇用が成り立ち、安定的に人事を動かすことが可能だったのである。

しかし、それを成り立たせる前提が崩れ去った今、このようなシステムは大幅な転換が必須となっている。繰り返すが、日本経済をスタグフレーションの危機から救い、社会と経済の持続性を回復する道筋は、付加価値労働生産性を上げることに尽きる。

そして、賃金上昇と労働生産性上昇のサイクルを構築するうえで重要なのは、外部労働市場を整備し、企業や事業や人材の新陳代謝を促進することである。さらに、労働生産性上昇のためのあらゆるイノベーションを促進し、労働生産性を高める新しいビジネスモデルや新しいテクノロジーを使いやすくする制度改革、規制改革を実行することである。その結果、淘汰される低生産性産業や企業から高生産性セクターへ労働移動が起きれば、人手不足の労働市場の圧力にも背中を押されて、必ず賃金と労働生産性は上昇する。

ただ、これを妨《さまた》げる大きな障害がある。我が師であり、世界的な比較制度論の権威でノーベル経済学賞候補でもあった故青木昌彦《あおきまさひこ》スタンフォード大学教授の言葉を借りれば「経路依存性の罠」である。

昭和の高度成長期の30年間は経済も人口も右肩上がりの時代を背景に、平成の30年間は長期大量失業によって社会の底が抜けないように、既存の終身雇用・年功賃金制の正社員雇用をできる限り維持することを最優先課題としてきた。そうした経営のあり方、労働運動のあり方、労働法や社会保障制度や税制のあり方が採られた。

合わせて60年間のマインドセットの刷り込みは、産官学労、マスコミに至るまで強烈なため、現実が急転換していくなかで、変化についていくのに苦労しているのが現状だ。

例えば今までのフレームワークでは、倒産や廃業はそこで働いている人が職を失うからおよそ悪となる。M&Aはそれを機にリストラされて職を失う、あるいは買収側の経営者に厳しい労働条件を押し付けられたり、現場でいじめられたりして従業員が不幸になる、ということでやはり悪ということになる。転職は基本的に不本意なので給料も職場環境も悪くなり、正規の人の多くは非正規に落ちる、というストーリーだ。

しかし、すでに企業再生現場でも、M&Aの最前線でも、転職市場でも、実態は大きく転換しつつあり、今後、時代のシーソーはもっと大きく不可逆的に倒れようとする。合計60年にわたる時代的慣性を持つ古い発想と制度でこれを邪魔すれば、実際に貧しく不幸になるのは働いている人々になってしまう。「停滞なる安定」から「停滞なる大貧困」「停滞なる不幸」の時代に転げ落ちることは絶対に回避しなくてはならない。

いや、それどころか「停滞なる安定」を支えてきた制度や慣行を大転換し、経路依存の罠から脱却して日本人と日本社会のポテンシャルを解放すれば、低い生産性に抑えつけていた分、この国の伸びしろは極めて大きい。

「停滞なる不幸」を回避し「ダイナミックな成長」「活力ある幸福」の時代を切り拓くには、マインドセット面でも、制度面でも、私たちはコペルニクス的な大転換を求められているのだ。

第1章　グローバル企業は劇的に変わらざるを得ない

グローバル産業の現状分析

グローバル産業（Gの世界）とローカル産業（Lの世界）の現状と課題などを概観することから始めてみよう。

グローバル産業に関して言えば、若干の軌道修正が行われている。以前から日本企業が得意とし、いまだに続けているコモディティの大量生産・大量販売で生き残っていくことはさすがに難しいと気づき、それを踏襲することはあきらめたようだ。

デジタル革命によって大量生産の組み立て工程が単純化し、付加価値がなくなったこと（後述するスマイルカーブ現象）と、グローバル化によってそれを新興国が日本の数十分の一の人件費でほぼ同様のことを行うことに起因している。この現象はパソコンや携帯電話、そしてAV機器で先行的に起き、日本の電機産業は直撃を受け、多くのプレーヤーが淘汰されていった。

幸い日本の基幹産業である自動車産業には、まだ大量生産・大量販売モデルが生き残っている。これは自動車が、1トンの鉄の塊が人の命を載せて持続100キロで何十万キロも安全に走ることを要求される製品であり、安全基準が桁違いに厳しく、部品点数も桁違いに多く、それらを複雑に組み立てる「すり合わせ」要素が多く残っているからである。

とはいえ、自動車産業にも電子化、さらには電動化の流れが押し寄せて、かつて電機産業で起きたことと同じような現象が起きつつある。

世の中では電動化に目を奪われて、それが速いか遅いかの議論が盛んだが、すでに電子化の脈絡でソフトウェアまで含めると今や原価構成の半分以上を占める電装系、電子系からデジタル化、ソフト化、ネットワーク化の波が本格的に押し寄せつつあり、国内の自動車産業、特にカーナビやインフォテイメント系は大きな影響を受けている。過去を振り返ってみると、感覚的には2000年ごろの電機産業を見ているようだ。

すなわち自動車産業でもかつての電機産業と同様に、電装系、エレクトロニクス部品系の企業では、完全に「スマイルカーブ現象」が起こっているのだ。スマイルカーブ現象とは、上流のデバイス部門やエレメント部門、設計工程などと、下流の販売部門やサービス部門、顧客接点業務などの付加価値が高くなり、途中の組み立て工程の付加価値が低くなる現象を言う。同時にハードからソフトへの価値シフトも起きる。縦軸に付加価値、横軸に製品のライフサイクルをとってグラフにすると、人が笑った口のようになることから名付けられた。

スマイルの左上、川上側のチャンピオンはデジタル化のキーデバイスである半導体産業だ、いわゆる自動車メーカー、トヨタやホンダなどOEMと言われる企業は、自社系列のディーラー網、サービス網を持っており、スマイルのやや右上にいるので、それを持っていなかった消費者向けのコモディティ家電よりは耐性がある。その裏腹で、かつては自動車部品メーカーの世界ではチャンピオンレイヤーだったティアワン（ＯＥＭと直接取引をしているサプライヤー）の中に経営が苦しくなるところが増えている。スマイルカーブの底に沈みやすいポジションにいるからだ。

２０２２年６月に民事再生法の適用を申請した、日本を代表する自動車部品メーカー、マレリの苦境はこの文脈で起きている。この産業構造の変化はデジタル化とグローバル化によるもので、これが不可逆的なものだということを、自動車産業の経営者たちはさすがに理解している。

電機産業でこれを乗り越えたのが、ソニーと日立である。

実は、デジタル化と産業構造変化と、それに対応する企業変容、すなわちコーポレート・トランスフォーメーション（ＣＸ）経営における我が「師匠」であると同時に、僭越ながら我が「同志」と言える経済人は、今は亡きソニーの出井伸之《いでいのぶゆき》さんと日立の中西宏明さん、そしてその中西さんを見出した（今でもお元気な）川村隆さんである。彼らはこの深刻かつ不可逆的な難局に真正面から立ち向かい、極めて長期にわたる厳しい変容を自社の人材に求めるＣＸ経営から逃げなかった経営者たちである。

それぞれの具体的事例には触れないが、とくに日立の復活劇は影響力がある。ご承知の通り、日立はきわめて有名な「ザ・日本企業」である。あの日立でさえ乗り越えていったのだから、自分たちにもできると勇気づけられる模範事例になっている。

かつての日本企業は、グローバルにおける競争に負け続ける要因を、外部に求めた。いわゆる「言い訳」である。

「自分たちは一生懸命やっているのに、こうなったのは為替のせいだ」

「いや、法人税が高いせいだ」

「アクティビストが余計なことを言うからだ」

ところが、言い訳をする企業と条件が変わらない日立がなぜ乗り越えられたのか。それは明らかに、経営力の差である。経営者の力量に差がつくのは、ガバナンス構造に問題があるからではないか。経営者を選ぶ仕組みに不備があるのではないか。

このシンプルな問いにかつての日本の経済界の主流は執拗に抵抗してきた。経営者は立派なんだ、よくやっているんだ、選び方も間違ってないんだ、と。

しかし、ソニーや日立のような事例が人口に膾炙《かいしゃ》し、2014年頃から始まったコーポレートガバナンス改革が10年を経過し、その間にCXを進めた企業とそうでない企業の間で業界内格差が広がるにつけ、従来から私が主張し続けてきたガバナンス重視の姿勢をとることについて、日本企業の空気がようやく変わってきた。

今どき先進国企業がグローバル経済圏で稼ぐ選択肢

現在、グローバル産業で付加価値労働生産性を高めるための方法には大きく分けて二通りしかない。

一つ目の方法は、グローバル経済において圧倒的な独占企業になることだ。

現状では、GAFAM、(グーグル〈アルファベット〉、アップル、フェイスブック〈メタ〉、アマゾン、マイクロソフト)がそれにあたる。しかし、日本のグローバル企業がGAFAMのような位置づけに登り詰めるのは、資金力や技術力、ネットワーク力やさまざまなリソースの違いなどを考えると、かなり困難と言っていい。あるとすればゲームに特化した任天堂やソニーのように分野特化したセグメントプラットフォーマーというパターンになるだろう。

だとすると、残るはもう一つの方法しかない。従来のように漫然と量や規模を追わず、ほかの企業が手を出せないような「ややこしさ」を突き詰めることである。これはつまり、複雑領域における高度なデリバリー能力を梃子《てこ》にした高付加価値差別化である。

日本のグローバル産業においても業績好調な企業は、十分な水準の価格で販売できる事業、高い水準で粗利《あらり》を取れる事業に舵を切り始めた。逆に、粗利の取れない事業は切り捨て始めている。この戦略モデルで「失われた30年」を快走した企業群については、先ごろ出版された、これまた我が「同志」であるカリフォルニア大学サンディエゴ校のウリケ・シェーデ教授による『シン・日本の経営』（日経プレミア）に詳しいので、一読をおすすめする。

実は、この複雑化戦略は従来の日本企業の成功モデルからの逸脱ではない。高度成長期、欧米に追い付け追い越せで、電機や自動車で世界の工場ニッポン、ジャパン・アズ・ナンバーワンに駆け上がった真因は、私たちが大量生産の規模型産業らしい力相撲、すなわち規模追求、巨大設備投資追求で先行するGMやRCAなどの巨大企業に勝ったわけではないということだ。むしろ複雑で難しい生産オペレーションを良質で均質な労働力による経験効果、継続的な改善改良力で高品質と低コストを両立させたことにある。

例えば、高度成長期をけん引した家電の製造において、ブラウン管テレビを製造するのはそう簡単ではなかった。

1907年から1908年に構想が生まれたブラウン管は、内部を真空にした容器の根元にある「電子銃」から画面に向けて発射された電子ビームによって、いわゆる「光の三原色（赤・緑・青）」の蛍光体を光らせて画像を映写する。電子ビームが磁力で屈折する性質を利用し、偏向ヨーク（電磁コイル）装置によって磁力を調整して画面全体に映し出す。

このように、ブラウン管テレビは複雑で「ややこしい」技術に基づいている。この技術を日ごと発展させ、より低コストで大量生産して競争力をつけようとしたとき、高度な「すり合わせ力」をはじめとする日本企業の独特の組織能力が生きた。だからこそ、日本企業は急成長を遂げたのである。

ところが、テレビはブラウン管からデジタル化された液晶に変わり、ものづくりそのものが単純になった。日本企業の高度な「すり合わせ力」がなくても、簡単に製造できるものに変わった。

当時の日本企業は自己解析が十分ではなく、そこを勘違いした。簡単に製造できるものでも、日本企業の「ものづくり力」があれば優位に立てると考えた。つまり、工業製品の大量生産は、どのような分野でも強い、自分たちは力相撲でも圧倒できる、と思い込んでしまった。

しかし、日本企業のものづくりの強みは、ややこしいことを確実に、迅速に、大量に製造できることだった。ブラウン管テレビが液晶テレビに取って替わられると、その強みを発揮できなくなった。コスト競争力が高く、オーナー創業者型経営で大胆な大規模投資を迅速にできる中国、韓国、台湾などにその地位を奪われ、日本企業は急速に競争力を失った。

やはり力相撲は得意ではなかった。シェーデ教授の言う「技のデパート」、相撲取りの舞の海戦略が通用する領域こそ、日本企業が得意なドメインだったのだ。

グローバル経済圏でも高付加価値モデルでやっていける道筋とは？

その失敗は、コンピューターや半導体でも繰り返された。

大型汎用機がワークステーションを経てパソコンへとダウンサイジングし、汎用部品を組み立てるだけでものづくりができるようになった。それなのに、自分たちの得意技の領域ではないことに気づかず、海外メーカーに真っ向から挑んで敗れ去った。敗北までの時間は短かった。

半導体デバイス事業もその工程が労働集約的で、集積度の向上要求に対して現場の労働者やプロセスエンジニアの創意工夫による歩留まり向上を競い合った１９９０年代までは、日本の半導体メーカーの黄金時代だった。

しかし、次第に製造装置の高度化、生産プロセスの無人化が進み、世代ごとの設備投資額が巨大化。加えて高集積化をメモリーがけん引する比較的単純な業界構造が、ＣＰＵをはじめとするロジック系半導体の存在感を増し、用途や種類も多様化して複雑化する。変化スピードも速くなる。

半導体内の産業構造も水平分業化し、クアルコムやエヌビディアのような自社で生産設備を持たないファブレスプレーヤーと、逆に製造付加価値で高収益、高成長するTSMC（台湾積体電路製造）のようなファウンドリーモデルのプレーヤーが現れる。すなわち投資においても、事業モデル、戦略モデルの転換においても、大胆でスピーディーな決断を求められる産業、サラリーマン型のコンセンサス型意思決定はまったく通用しない産業へと変容した。現場のオペレーショナルエクセレンスだけでは戦えなくなったのだ。

この裏返しが自動車産業で、前述の通り、幸いなことにこの巨大な大量生産・大量販売型の産業においては、複雑さのすり合わせによる「技のデパート」戦略がまだ相応に有効であり、単純な投資と規模のゲームにはなっていない。国内に500万人以上の良質な雇用を生む力も持っている。それは、代表選手であるトヨタの強みを表現するとき、戦略用語よりも「カンバン」「カイゼン」「ジドウカ」などの現場の組織能力を表す言葉が使われることに象徴されている。

もちろん自動車産業とて油断は禁物なのは前にも述べた通りだが、大事なことは同じ誤りを繰り返さないことである。

実は以上の分析は、シェーデ教授との長年の議論と今回の著作を読んで、漠然と思っていたことをようやく明確に言語化できたものである。

私自身もかつて、日本企業が展開する太陽光パネルや液晶パネルが急成長していた頃、新たなスケーラブルな成長産業として期待を持っていた。その一方でアジアの新興国の追い上げに勝つのはサラリーマン型の日本企業にはなかなか難しいなあ、とも感じていた。要するにアンビバレントな気分だったのだ。

しかし、その前の時代の大成功の本質（けっして力相撲で当時の規模型産業を席巻したわけではない）がシェーデ教授との議論で見えてきたおかげで、我々のコアコンピタンス（競合他社には容易に真似できない核となる力）中のコンピタンスによって、戦うフィールドと戦い方さえ選べば、グローバル経済圏でも高付加価値ビジネスモデルで戦っていける道筋がすっきりと見えてきた。

現状、大量の雇用を生んでいるフィールドが自分たちのコアコンピタンスで付加価値を生まないゲームに変容したとき、すなわちスポーツに例えれば野球からサッカーにフィールドが変容したとき、本気で人を大事にしたいなら、野球をどうしてもやりたい、野球しかできない人には、他社に移ってもらうか、あるいはサッカーを本気で練習して一流レベルになってもらうしかない。構造的人手不足の時代には、世の中を広く見ればいくらでもチャンスはある。人材の新陳代謝を冷徹に進めなければ、かえって人々を不幸にする時代なのだ。薄情《うすなさけ》と書いて薄情《はくじょう》と読むべし。

あらゆる産業で「ややこしさ」に日本の勝ち筋がある

半導体産業において、量産型のデバイス製造業は厳しくても、少なくとも製造装置や材料、あるいは搬送装置の分野で「ややこしさ」のデリバリー能力で勝っている。だからこそ、半導体業界で世界をリードする国の一つに位置づけられている。

また純粋に生産立地としてみると、良質な技能者とそれを支える高専などの教育インフラがしっかりしている日本は魅力的で、ＴＳＭＣはそれに加えて水資源と電力に恵まれた九州、熊本に大規模投資を行おうとしている。

テレビやコンピューターのモニターで使われる液晶パネルづくりではもはや勝負にならないが、液晶で使われるきわめて稀少な接着剤、薄膜などで世界シェアを握っている企業もある。

観光業も同様だ。日本の観光業が世界から評価されているのは、大量に顧客をさばく団体旅行の遂行力ではない。

見た目も繊細でふくよかな味わいの料理、かゆいところに手が届くホスピタリティを誇るホテルや旅館、世界でも類を見ない過密スケジュールでも正確無比に動く鉄道、網の目のように張り巡らされたルートをほぼ時間通りで運行するバス――。実は、そう簡単にできないオペレーショナルに複雑でややこしいことを実現する能力なのだ。

ひと昔前に流行した「選択と集中」は、規模型ビジネスの範疇《はんちゅう》で成長性の高い事業に特化するという考え方だった。世界で液晶パネルが成長していると知れば、得意分野でもないのに参入しようと躍起になる。そうした選択と集中は、まさに20世紀的成長だった。

しかし、最近は「ややこしい」うえに得意な事業領域、つまり高付加価値が見込める事業領域に選択と集中をするように変化してきた。グローバル産業における日本企業は、成長を語るときに付加価値で語る方向にようやく舵を切ってきたのである。

ただし、日本企業の強みをさらに追求し、他国のグローバル企業との熾烈な競争に勝つには、現状のCXではまだ十分ではない。

まずは「日本的経営モデル」からの脱却が欠かせない。日本的経営は、新卒一括採用、終身年功制で集められた同質的かつ固定されたメンバーで仕事をするゲームである。終身雇用・同一賃金体系・年功序列の日本的経営モデルでは、機動力と瞬発力が発揮できない。

そもそも高付加価値を享受できる領域は移ろい続けるため、まったく同じゲームを続けるわけにはいかない。常に企業として、いわゆる両利きの経営でいう「探索」を行い、「転地」を継続しなければならず、継続的に事業ポートフォリオの入れ替えを実行し続けなければならない。そのためには、組織そのものの新陳代謝も欠かせない。新しいゲームに対応すべく常に必要な人材を新しく受け入れ、組織内の多様性を担保するための新陳代謝が必要になる。

その一方で勝ち筋ができている事業では最大限、高付加価値、高収益を上げるためのオペレーショナルエクセレンス力も維持しなくてはならない。両利きの経営でいう「深化力」である。高い付加価値、高い収益こそが、継続的な探索と転地の投資原資の源泉であり、その高質な人材を採用しリテンション（維持・継続）する人的資本投資の原資になるからである。

複雑性ドメインを目指して、深化軸（横）と探索軸（縦）の45度線上を右斜めに上がっていかなければならない。

グローバル産業における日本企業の多くは、こうしたグローバルでの戦い方には気づいている（だから『両利きの経営』は、あの手の書籍としては異例のロング・ベストセラーになっている）。しかしながら、ほとんどの企業が依然として気づいているだけの状況だ。頭ではわかっているが、それを実行する「身体づくり」が未熟なため、体質の転換、思考様式、行動様式の転換までは至っていない。両利きの経営は戦略論よりも組織能力論、組織機能論にこそ真髄があるのだ。

きわめて感覚的ではあるが、現状、グローバル産業における日本企業の約2割がこの「複雑性×両利きの経営」を実践できている企業ではないだろうか。その代表格はリクルートをはじめ、ダイキン、コマツ、ファナック、キーエンス、村田製作所、日東電工など、高付加価値かつ本当に儲かる分野に先鋭的に集中し、そのなかで技を磨き続けている企業である。

そもそも変容しにくい強固な仕組みを自ら構築してきたのだから、経路依存性の罠を乗り越えて変えようとしても、それなりに時間がかかるのは当然だ。本質的な企業変容、コーポレートトランスフォーメーション（CX）を進めてきた日立でも15年、ソニーに至っては25年という年月がかかっている。

だからこそ、残り8割の企業群も一刻も早く手をつけなければならない。本気で取り組めば5年から10年で変容力の高い組織に生まれ変われる。少なくとも、私はそう考えている。

グローバル産業は雇用の量よりも質、グローバルクラスの質を目指せ

冒頭で書いたように、日本のグローバル企業ではホワイトカラーの雇用にだぶつきがある。この状態では、過剰な人員を抱え、不要な人件費を垂れ流したまま経営し続けなければならなくなる。グローバル産業は、世界で熾烈な競争を繰り広げている。このままでは、競争条件として圧倒的に不利になる。

グローバル企業の経済的、社会的使命は、グローバルにおける熾烈な競争に勝って日本の発展に貢献することである。必ずしも加工貿易立国モデルで大量生産品を輸出することではないし、巨大な工場を国内に持ってたくさんの雇用を抱えることでもない。

大事なことはとにかくグローバル競争の中で高水準の稼ぐ力を持つこと。そして海外での活動で稼いだ富を所得収支（配当、利息やライセンス料）として、国内の経済活動による稼ぎは貿易収支として、国富の増加に貢献することである。

逆に国内での大量雇用、大量生産と輸出の拡大にこだわって、新興国並みの低賃金労働によるコスト競争で頑張ってもまったく意味がない。何度も繰り返しているように、これからの日本で必要な雇用は、数ではなく高い労働生産性を前提とした高賃金雇用なのである。

スポーツ選手に例えると、県大会や日本選手権に勝って地域一、日本一になることが目的ではない。プロゴルファーの松山英樹選手がマスターズで優勝して世界にその名を誇示したように、メジャーリーグの大谷翔平選手が世界中から集まる優れた選手のなかでも突出した実績を上げるように、世界屈指の優れた選手になるのが目的だ。彼らは海外の活動で稼いでいるが、その巨額報酬を日本の金融機関に預ける、あるいは日本の何かに投資してくれれば、金融収支として国富に貢献する。日本のプロ野球や国内ゴルフツアーにこだわって安い報酬や賞金を稼ぐよりも、はるかに国富に貢献できるのだ。

日本は、食料とエネルギーの自給率が低いため、構造的に貿易収支が赤字になる。企業であれ個人であれ、グローバルプレーヤーが所得収支や金融収支で稼いでくれれば、貿易収支の赤字を均衡させてくれる。グローバル企業が世界における競争に勝ち、配当、ライセンス料、金利、投資などの形で日本に富を持ち帰ってもらうことがきわめて重要なのだ。

それに加えて、日本のグローバル企業が世界で勝てば、その企業の株は外国人投資家にも買われ、株価が上昇する。それが日本国民の資産所得となり、家計の富の源泉になる。社会全体が高齢化すると労働所得だけでなく資産所得が重要になるので、これは社会の持続性にも影響を与える。

グローバル企業はグローバル競争に勝つことで日本国民を豊かにする使命も担っていることを忘れてはならないのだ。

生成ＡＩの破壊性と深まる苦悩

これから、怒濤《どとう》の勢いで押し寄せる生成ＡＩなどによる破壊的イノベーションがホワイトカラーの仕事をさらに奪っていく。

現状、人間でなくても対応できる、比較的間違いようのない問いに答える仕事は、世の中には案外多い。わかりやすい例は、カスタマーセンターの対応である。多数の問い合わせを分類すると、人間の判断が必要のない共通の問い合わせがほとんどだ。かなりの部分の法律相談もそうだ。法律はアルゴリズムなので、限界事案は人間の判断が入るが、通常の事案は要件事実さえインプットすれば同じ答えになる。

会計、とくに簿記の処理も簡単に置き換わる。それは、ルールが決まっているからだ。つまり、ルールベースで動くもの、アルゴリズムベースで動く仕事は、確実に生成ＡＩに置き換わる。ここに相当数のホワイトカラーの仕事が存在しているので、これは間違いなく減っていく。

今、簡単な原稿づくりなども初稿は生成ＡＩでつくることが始まっている。しかし、そこから編集するのは人間にしかできない。編集においては、問いを立てる部分とディシジョン（決定）の部分は人間に残る。生成ＡＩには問いが立てられないからだ。

意思決定には、ある種の直感や価値判断が必ず入り込む。逆に、それが必要ないものは本当の問いではない。「ボス仕事」は残るのである。

実際のホワイトカラーの職場は、ボス１人に対して部下が４、５人いる。だとすると、単純化すれば仕事は５分の１になる。あえて部下の仕事が残るとすれば、それは将来のボスになっていく人が、通過的にその仕事を経験する目的でしかない。言わばボスになるための教育プロセスとして、部下の仕事に取り組むという位置づけになっていく。

指示された仕事をある程度やっておかないと、ＡＩを使うときにブラックボックス化してしまうからだ。ＡＩは人間を真似ているが、真似られる側の仕事を通過体験的に行っておくことは、どうしても必要である。それは、付加価値を生む仕事ではないので、教育コストになる。顧客からお金を取れる付加価値を生み出す仕事は、ボスになってはじめて生まれる。

「漫然とホワイトカラー」はどのように淘汰されるか

グローバル経済における熾烈な国際競争に勝つためには、急速な進化を遂げつつある生成ＡＩの導入は日本企業にとっても避けて通れない道である。

グローバル企業のホワイトカラー、より具体的にはデスクワーカーの仕事の多くは、すでに生成ＡＩに代替され始めている。これからも、さらに代替が進むはずだ。生成ＡＩの恐るべきところは、従来のＩＴ化のようにオフィスの効率化、コストサイドイノベーションの枠を超えて、顧客に提供する付加価値サイドにおいて破壊的イノベーションを起こす可能性が高いことだ。

いわゆるネット時代の到来で、ＡＶハードウェア産業周辺では、まさにこの付加価値シフトが起き、ネット上のソフトサービスへの付加価値シフトによってテレビやビデオ、ステレオ製造業は破壊的なダメージを被《こうむ》った。金融、会計、税務、法務、ＩＴ，広告、デザイン、コンサルティングや医療などのデスクワーク型サービス業では同様の付加価値シフトが起きる可能性が高く、産業丸ごと新しいタイプのプレーヤー、いわゆるディスラプター（既存の市場原理を破壊する可能性も秘めたベンチャー企業）、ゲームチェンジャーに取って代わられるリスクが出てくる。やられる前にやるしかない。「我が社は人間を補完するＡＩ化を進める」などときれいごとを言っている場合ではないのだ。補完だろうが代替だろうが、どんどん導入を加速すべきなのだ。

ところが、日本企業の終身年功制のせいで、仕事もなく成果も上げていない「漫然とホワイトカラー」、さらには肩書も給料もインフレの「なんちゃって中間管理職」がなかなか減らない。

この破壊的変化に真剣に対応すると、「漫然とホワイトカラー」は淘汰されていき、新卒一括採用でホワイトカラーを目指す学生の採用も減っていくことになる。

ホワイトカラーに残る仕事は、本当の意味でのマネジメントである。現状、いわゆる中間管理職が担っている管理業務ではなく、経営の仕事だ。これまでは数多くあったホワイトカラーの「部下仕事」は、生成ＡＩに急速に置き換わる。

問いのある仕事、正解がある仕事において、圧倒的な知識量、論理力、スピード、昼夜働く力に人間は勝てない。残るのは自ら経営上の問いを立て、生成ＡＩなども使って答えの選択肢を創造し決断する仕事、すなわち「ボス仕事」だけである。言わば中間経営職ということになるが、そこで必要になる人員数は現状の中間管理職よりも一桁少なくなるはずだ。

企業は従業員に対して、数少ない「真のボス」ポストを目指して真剣勝負をしてもらうか、部下ホワイトカラーとしてＡＩの圧力で下がる賃金に耐えてもらうか、それとも人手不足かつ（後述するように）ＡＩ代替が起きにくいノンデスクワーカー技能職の世界に転職するか、を問うべきだと思う。冷たいようだが、長い目では厳しい現実を伝えないほうが不誠実だ。鬼手仏心《きしゅぶっしん》で臨むべし。

きわめて高度にクリエイティブなデスクワークも残るだろう。

クリエイティブなデスクワークとは、例えばデザイナーであればチーフデザイナーの仕事である。プログラマーであれば、プログラムを書く人ではなく、ソフトウェアの基本アーキテクチャを構築できる人である。文章を書くにしても、生成ＡＩで事足りるウェブライターなどの仕事は代替され、記事としてのテーマを企画し、編集する人が担当する。アカデミー賞を取るような脚本を書く人もそうだ。誰もができる仕事ではなく、世界で戦える仕事に純化されていく。言わば「プロ」の世界のボスたちだ。これらの仕事で食べていける人は、これまたかなり限られた人だけである。

そうなると、社会全体として、ボス仕事を担うアッパーホワイトカラーだけがグローバル産業で生き残ることになり、ロウワーホワイトカラーは消滅していく、あるいは賃金水準は下がっていく。その人たちは、ノンデスクワーカーの世界に移動せざるを得なくなる。しんどい話にも聞こえるが、実はそれがグローバル企業の競争力を高め、ローカル経済の深刻な人手不足を埋めるために効果的な方法だ。

加えて日本の大学教育、特に文系学科は「漫然とホワイトカラー予備軍」を想定した教育を行っているので、これまた大きな変容を迫られざるを得ない。この点、日本の文系ヒエラルキーの頂点にいる東京大学法学部さえも例外ではない。

AI革命でホワイトカラーの仕事がブルシットジョブ化する

2018年、デヴィッド・グレーバーの著書『ブルシット・ジョブ　クソどうでもいい仕事の理論』(岩波書店)が話題になった。グレーバーは、ホワイトカラーの5種類の無意味な仕事を挙げ、働き手は自分の仕事が無意味ではないふりをすると喝破《かっぱ》した。

アメリカは、日本よりはるかに高度なIT化を推進したため、ブルシットジョブが顕在化した。日本でも、いよいよブルシットジョブがあぶり出される時代になった。現在は「漫然とホワイトカラー」が最後の抵抗をしている状態かもしれない。

さまざまな時代で起こった産業革命は、必ずブルシットジョブを生み出す。

動力革命によって、筋肉の置き換えが起こった。労働者が農業から工業にシフトし、農作業の多くがブルシットジョブになった。

情報通信革命によって、目と耳と口の置き換えが起こった。自動化の進展により工場で働くブルーカラーがオフィスで働くホワイトカラーにシフトし、ブルーカラーの仕事の多くがブルシットジョブになった。

現在進行中のAI革命によって、脳の置き換えが起こっている。オフィスで働くホワイトカラーの仕事がブルシットジョブになり、ホワイトカラーが行き場を失いつつある。

もちろん、すべての仕事がブルシットジョブになるわけではない。完全代替はしない。非定型な仕事や複合的な仕事は人間の手に残る。とはいえ、従来の仕事のかなりの部分を機械やAIがやってくれるようになるので、置き換わる部分に関しては間違いなくブルシットジョブになる。

IT化、デジタル化の最終形態であるAI化には、やはり革命性があり、産業的、社会的に大きな構造転換とジョブシフトをもたらす可能性が高い。

第一次産業革命時に起こった「ラッダイト運動」のように、仕事を奪われる恐怖や不安に駆られた労働者が、新たに導入された機械を打ち壊したい気持ちもわかる。同様に、現在のホワイトカラーが自分の仕事にしがみつきたい気持ちもわかる。

少し前までは、ホワイトカラーの仕事はブルシットジョブにはなっていなかった。懸命に勉強して少しでも偏差値の高い大学を目指し、誰もが知っている有名企業に入り、ホワイトカラーの仕事に颯爽《さっそう》と取り組むことを目指してきたのだから、その仕事がブルシットジョブになってしまうのは、つらい。この認知的不協和は時代の変化に対する抵抗感、反発心の温床になる。

でも、それに同情して現状維持を図っても時代は止まってくれない。

どのような時代でも、既存の仕組み（その多くはかつては新しい仕組みだった）に適応してその地位を確立して既得権を持つ人が必ず生まれる。仕組みが変わるときには、どの段階で変えても既得権を持つ人は抵抗する。これは、明治維新のときの士族と同様だ。明治当時、士族階級が不要になったのは、農民でも兵隊をやるように仕組みが変わったからだ。

では、グローバル産業で行き場を失ったホワイトカラーは、いったいどこへ向かえばいいのだろうか。

図　AI革命でホワイトカラー中間層の時代は終わる

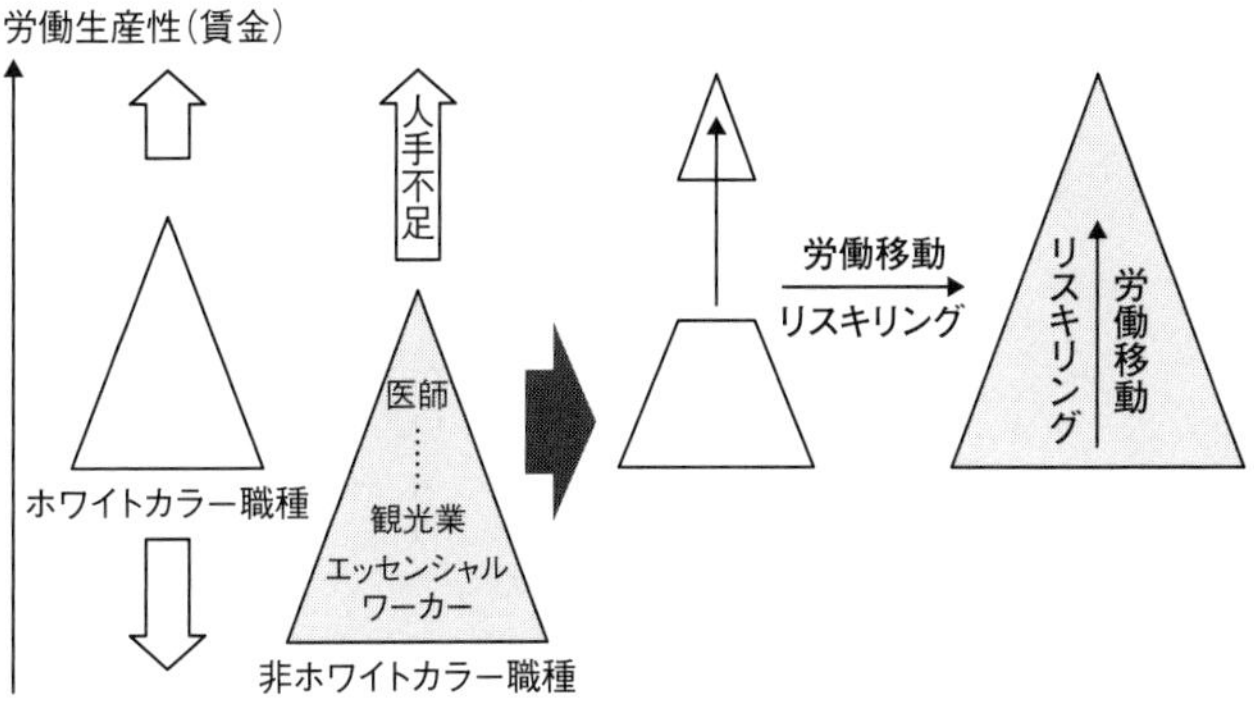

次に起こるシフトは、グローバル産業のホワイトカラーから、ローカル産業のエッセンシャルワーカーへのシフトである。そのとき、エッセンシャルワーカーが生産性の高いアドバンスト・エッセンシャルワーカーに変容できるか（第3章）、その反射としてホワイトカラーがどう変容すれば新しい時代の新しいゲームの中で生きていけるか（第4章）、が日本社会全体の安定的成長のカギとなる。いずれも本書の後半でさらに議論を掘り下げていきたい。

グローバル産業におけるDX・CXの現状

人余り現象を助長するとはいえ、グローバル企業が国際競争において劣位に陥らないためには、一刻も早くデジタル・トランスフォーメーション（DX）とコーポレート・トランスフォーメーション（CX）を突き詰めていかなければならない。

私は2020年6月に『コーポレート・トランスフォーメーション　日本の会社をつくり変える』（文藝春秋）を上梓し、翌2021年7月に『IGPI流　DXのリアル・ノウハウ』（PHPビジネス新書）を刊行した。両著で、DXとCXについて詳細に語っているが、ここではそのエッセンスを紹介しよう。

DXは、2004年にスウェーデンのウメオ大学に在籍するエリック・ストルターマン氏が論文でこう定義したことから始まる。

「人間の生活のあらゆる側面において、デジタルテクノロジーにより、あるいはその影響によってもたらされる変化のこと」

つまり、DXのキーワードは「デジタルで変わる」ことを広く指し、技術だけ、仕組みだけ、ツールの導入だけではない。

短期的には、既存事業の磨き込みを行うことを目指す。それまでの業務を迅速かつ正確に行うことができるように変え、過去のデータからより効率的に動けるようサポートし、新たな仕組みの導入で顧客のストレスを軽減する。デジタルの力を借りてさらなるリソースを捻出するという、将来のための「借り物競走」である。

これまでも、コスト削減や業務の効率化は、どのような企業でも実践してきたはずだ。

しかし、それは人の手を使った「歯を食いしばって頑張る」側面が強かった。このような搾取では、先の展望は開けない。その点、ＤＸは視点が異なる。

「どのようにして、社員に自己の能力を発揮させるか」

「どうすれば、企業として社員の力を活用することができるか」

これまで30分かかっていた業務を10分で終えることができれば、浮いた20分でより本質的な仕事をすることができる。コスト削減というマイナスの活動ではなく、余剰時間によってプラスを生み出す活動である。しかし、現状ではコスト削減だけに目が向けられているのが実情である。

実際にはまだ「困っていない」という理由で、本格的にＤＸを推進することを様子見している企業もある。これは大いなる誤認だ。あるいは、企業規模が小さいからＤＸをしても無意味ということで手をつけない企業も少なくない。これも明らかな勘違いである。困っていないからこそ、今のうちから始めるべきで、手遅れになってからでは取り返しがつかない。前にも述べた通り、ＤＸは破壊性を持つことがあり、それが始まるとゲームチェンジングゲームが始まる。そこで動き出しを間違えると本当に取り返しがつかなくなる。

規模の大小でＤＸの効果が異なるのは当たり前で、だからといって小規模企業がやらない理由にはならない。さらに言えば機動性という意味ではより大胆にそのメリットを享受できるのは、むしろ規模の小さい企業なのである。

デジタルツールについても、年々安価で高機能になり、使いやすくもなっている。どのような企業でも、それほど費用をかけずに導入できる。働きやすい環境を整えて優秀な人材を確保する意味でも、今後、本格的なDXの推進が欠かせない。

DX以上に企業が二の足を踏んでいるのが、たびたび指摘してきたCX（コーポレート・トランスフォーメーション）である。

生成AIに代表される破壊的イノベーションは、いつ何時企業を襲ってくるか予測がつかない。このまま手をこまぬいていると、あれよあれよという間に足をすくわれる。痛みを伴う本質的な構造改革を避け、小手先のDX「ごっこ」でお茶を濁すのではなく、不連続かつドラスティックな環境変化に対応できるような企業へと名実ともにリ・デザイン、つくり変える。それが、企業が目指すべきCXということになる。

野球の観客がサッカー、バスケ、さらにはブレイキンに構造的、不可逆的に取られているときに、野球選手しかいない、フロントも監督もコーチも野球しか知らない組織では対抗のしようがない。にわか仕立てでサッカーチームをつくっても、相手は欧州チャンピオンズリーグの強豪チーム。グローバル競争ってのはそういうものだ。ぼこぼこにされるに決まっている。王道は急がば回れ。粘り強くＣＸを進めるしかないのだ。

とはいえ、企業は現時点で収益を生み出している既存事業を有している。その利益を可能な限り伸ばす営為、すなわち事業の「深化」も欠かせない。その一方で、新しく高付加価値の事業を探索し、育成していく試みも必要だ。そこで重要になるのが「両利き経営」を実行する力である。

「本業の稼ぐ力の最大化（深化力）」

「稼ぎを新しいイノベーションに投資し、成長をドライバー化（探索力）」

そして深化と探索、二つの力を持続的に両立させるには、次のような経営的組織能力が必要になる。

「事業と機能の新陳代謝力の向上」

「組織能力の多様化と流動化」

これらすべてを満たす経営力、組織能力をつくることこそ、ＣＸの神髄と言っていい。

ＣＸを実現するための「新憲法草案」

では、ＣＸによって企業はどのように変わる必要があるのか。これまでの日本的経営と比較しながらそのポイントを挙げていく。

図　人的資本経営時代の会社のかたち

	旧憲法	新憲法
① 人事組織 管理	同質性、閉鎖性、固定制、 新陳代謝サイクル40年、 制度一元的	多様性、開放性、流動性、 新陳代謝サイクル10年、 制度多元的
② 組織構造 と運営	年功階層性、ボトムアップ、 集団主義、コンセンサス重視	ネットワーク型、 トップダウン&ボトムアップ、 強い個人、合理性・迅速性重視
③ 事業戦略 経営	大量生産×改良・改善型競争、 自前主義	両利きの経営、非自前主義
④ 財務経営	財務経営は財務経営、事業経営は事業経営／事業撤退は極めて例外的な不幸	事業戦略と財務戦略の高度な融合モデル／事業ポートフォリオの入れ替えは日常的
⑤ コーポレート ガバナンス	サラリーマン共同体主義ガバナンス／経営トップ、経営陣は生え抜き中心	ステークホルダー主義の外部ガバナンス／「生え抜き」という概念自体が消滅

私は、2020年に上梓した『コーポレート・トランスフォーメーション　日本の会社をつくり変える』（文藝春秋）において、従来の日本的経営を「旧憲法」、CXによって変わった経営を「新憲法草案」とし、そのポイントを提示した。

少なくとも、破壊的イノベーションとグローバル競争の荒波に揉まれているグローバル企業は、新憲法草案よりの会社の形に変容できなければ、持続できない可能性が高い。どの会社も、目指すべきCXのビジョンは限りなく新憲法草案よりのところにあるはずだ。

しかし、多くの日本企業においては、いまだにＤＸ・ＣＸが進まない。その理由は多様であるが、主に次の三つが考えられる。

「ＤＸ・ＣＸの意味を理解していない」

「今の仕事のやり方、さらにはそれを前提にしたサラリーマンライフスタイルを変えたくないから、経営層も社員も尻込みしている」

「ある特定の層が保身のために避けている」

このままでは、やがて企業そのものが競争に敗れて瓦解《がかい》する。そして多くの人々を道連れに不幸にする。

Ｘの時代はアンラーンの時代

ＤＸにせよＣＸにせよ、トランスフォーメーションの時代、すなわちＸの時代である。個人として旧憲法の時代にうまくやっていくスキルや知識やライフスタイルと新憲法でのそれでは大きなギャップがあることは明白であり、それを埋めるべく個人レベルでのトランスフォーメーションが問われることになる。

社会と経済の実態における変容プレッシャーの強度と速度に比べ、社会保障制度をはじめ、世の中の制度が変わるのは遅い。日本の政策形成は、国も企業もコンセンサスを基本としているのでどうしてもそうなる。

言い換えればそれに合わせていると、個人としてのホワイトカラー「サラリーマン」は完全に「時代遅れの男」になってしまう。歌の文句では洒落た生き様となるが、実際は食えない、承認されない、とてもきつい人生だ。それも今や人生100年時代。長い長いつらい中高年以降の人生が待っている。

こんな時代を愉快に生きていこうと思ったら、旧憲法時代に身につけたものをいったんアンラーン（すでに持っている知識や価値観を捨てることで、思考をリセットする方法）することだ。そんなことをしたら大事なことも忘れてしまう？　などと考える人がいるが、まったく問題はない。学校教育から旧憲法モデルまで一貫性を持ったシステムで刷り込まれたことはそう簡単に忘れはしない。全部リライトするくらいで丁度いい。

新憲法に合わせてラーニング、いわゆるリスキリングする中でも、時代を超えて有用な思考方法やスキルはちゃんと上書きされずに残るものだ。

自分も大学入学し司法試験に受かるまでは、旧憲法モデルの超優等生。就職時に当時は超マイナーな存在だった外資系戦略コンサルティングに就職することでささやかなアンラーニングに入ったが、旧憲法な自分を完全に一掃できたと実感できたのは、40歳頃、先輩たちと創業したコーポレイトディレクション社の社長になった頃だ。

ＪＴＣ（ジャパニーズ・トラディショナル・カンパニー：日本の伝統的大企業）全盛期の起業、自信満々のＪＴＣ相手に若造がコンサルティングを行う苦行、米国スタンフォード大学への留学、帰国後のバブル崩壊と経営危機、ＪＴＣと共同出資の携帯電話会社への出向、ＪＴＣの巨大倒産事件の再生支援などを経て、やっと旧憲法な自分から脱却できた感じだ。要は自分を巡る個別的な環境変化に対応しようとした結果だ。

そして気が付いたのは、大学受験で一番面白かった数学、司法試験時代にのめり込んだ比較憲法学をはじめとする基礎法学やビジネススクールで学んだ会計学や企業財務、経済学の基礎学力の有用性であり、若い頃に読んだ古典の普遍的通用性である。それは自分の中の旧憲法時代に詰め込み式で叩き込んだものである。

真に超時代的通用性があるものは上書きされずに残るものなのだ。なぜなら新憲法も時代を超える普遍的原則の上に成り立っているからだ。

もっと言えば、私たちはある時代背景の中で派生的に生まれたいろいろな下位与件をあたかも普遍的、伝統的なものだと思い込んで、人生の与件にしてしまいがちだが、その多くはちょっとしたイノベーションや社会情勢の変化で成り立たなくなる。

終身雇用と年功賃金も戦後の高度成長期に一般化したもので、たかだか60年の歴史しかない。昨今、少し議論が盛り上がっている選択的夫婦別姓問題も同様で、苗字を全国民が持ったのは明治維新以降で、これは明治政府が急速な富国強兵を進める統治手段として、家制度を基本単位とした戸籍制度を採用し、正式な苗字を持たなかった庶民（日本人の9割以上）にも法的な苗字を持たせ、家単位での夫婦同姓（当時は夫の姓）を強制したことに始まる。

長い歴史的連続性を誇るこの国で、せいぜい150年くらいの歴史しかないものを「我が国の伝統的な家族制度は夫婦同姓を基盤とする」というのはかなり無理がある。

言い換えれば派生的な与件はそれほど重いものではない。変えようと思えば変えられるし、それが新しい環境にフィットしていれば変えてしまったほうがはるかに快適に生きていける。そして変え始めるのは早いに越したことはない。人間は習慣の生き物なので、旧憲法に適応した時間が長いほど習慣をアンラーンすることは難しくなるからだ。これは組織も同じで歴史のあるJTCほど、組織規模が大きいほどアンラーンが難しく、よってCXに苦労する本因はこのような人間性にある。

私と同じ中高年読者のために一言加えると、年を取るほどラーニング、特に新しい領域でのリラーン、リスキリングはどんくさくなるが、人間は真面目に学ぼうと努力すればちゃんと進歩するもので、むしろそのスピードが遅いほうが長くじっくりと進歩プロセスを楽しむことができる。

私は旧知の（これまた盟友である）松尾《まつお》豊《ゆたか》東大教授から進歩を続けるＡＩについて教えを乞うことが楽しくてしょうがないし、子どもや孫から最新のコンテンツ（ドラマ、音楽、アニメ、コミックなどなど）を教えてもらって鑑賞することも大変楽しい。そうやって若い世代から教わったことを趣味の音楽演奏に使ってみたり、生成ＡＩを仕事に使ったり、実に楽しく愉快である。

何がいいかと言えば、昔、法律学や簿記会計を学んだ時代と比べると、今どきインターネットがあることとユーザーインタフェースが劇的に改善されているので、学習プロセスが極めてストレスなく便利で効率的になっている。ギターの運指《うんし》なら、ネットにたくさん動画が上がっていて、昔のように「エリック・クラプトンは、ジェフ・ベックはここをどんな指使いで弾いているんだろう」と考えあぐねる、などということはない。

アンラーンとリラーン、リスキリングがあるからこそ、人生お楽しみはまだまだこれから、なのである。

第2章　ローカル経済で確実に進む「人手不足クライシス」

エッセンシャルワーカーとは何か

今後、ホワイトカラー人材が余剰に向かっていくグローバル企業に対し、深刻な人手不足に陥るローカル企業はどのような状況にあるのか。まずは、ローカル経済の主な担い手となる「エッセンシャルワーカー」について明らかにしよう。

エッセンシャルワーカーとは、人々が最低限の生活、あるいは快適な生活を維持するために欠かせない職業を指し、代表的な職種として医療、介護、交通、インフラ、物流、公共サービス、小売り、農水産に従事する人々が挙げられる。

グローバル経済における多くの企業、とりわけ先ほどお話ししたホワイトカラーが所属するグローバル企業は、間接的にしか人々の生活に関わらない。そればかりか、景気などによって需給が左右されることも多い。家電メーカーは、製品として出荷されてはじめて人々の役に立つが、中で働いていると人々の生活を直接意識することはない。大きな組織の歯車として目の前の仕事を日々こなしている。とくにホワイトカラーは販売管理系だから、もっとも間接的な仕事である。

これに対してエッセンシャルワーカーは、直接人々に対して付加価値を提供し、その対価を受け取る。感謝の言葉をもらうこともあれば、罵倒されることもある。質量のあるモノを扱い、生身のヒトを相手にしている仕事だ。また、どのような状況であっても、例えばコロナ禍など社会が混乱しているさなかでも、人々の生活に必要な仕事である。エッセンシャルワーカーの働きは止まることがなく、直接的に誰かの役に立っている。

このエッセンシャルワーカーという言葉は、比較的最近言われるようになった。とくに頻繁に使われるようになったのは、コロナ禍の2020年ごろからである。

言うまでもなく、それまでも存在した仕事だった。だが、エッセンシャルであったことに誰も気づかなかった。改めてその重要性が見直されたのは、コロナ禍という社会が混乱した状況下だった。むしろ、その期間のホワイトカラーの仕事はそれほど重要ではなかった。誰が本当の意味で本質的な仕事をしているのか、誰が社会の営みに欠かせない仕事をしているのか——世界はそこに気がついた。

本来、本質的な仕事をしている人は、相応の対価をもらうべきである。しかし、エッセンシャルワーカーは総じて賃金が安い。理由は二つあって、こうした仕事の多くは比較的幅広い人が従事可能で労働需給的には供給が多く、仕事の中身が労働集約的で資本装備による生産性を上げにくかったことがある。

しかし、ここに来て、世界的にこのセクターは人手不足に陥っており、コロナ明けでもその状況はあまり変わっていない。中でも深刻なのは我が国である。先ごろ、タクシー運転手不足問題でいわゆるライドシェアの解禁問題が話題になったが、今後、運転手に限らずあらゆるエッセンシャルジョブにおいて深刻な人手不足に陥り、最低限の社会的インフラ機能の維持さえも危うくなっていく。

そこで、エッセンシャルワーカーがさまざまなテクノロジーなどを駆使し、できるだけ少ない時間で、できるだけ多くの価値提供を行い、できるだけたくさんの対価がもらえるようにして担い手も増やし、実質的な供給力を増やさなければならない。これは、人手不足解消で社会機能の持続性を回復することであり、同時に働く人々の7割が従事するローカル経済圏の付加価値労働生産性と賃金と消費力を押し上げる、持続的な経済成長再生への（おそらくただ一つの）道でもある。

すなわちエッセンシャルワーカーの仕事の労働生産性を今の2倍、3倍、4倍へと押し上げられなければ、この国の未来はない。いくらグローバル企業が頑張っても、テックベンチャーが頑張っても、この国の社会基盤は崩れ、大半の日本国民が困窮に陥り、不幸になってしまうのだ。

このような高付加価値労働生産性の状態になったエッセンシャルワーカーを「アドバンスト・エッセンシャルワーカー」と呼ぶことにする。

もともとアドバンストになっている職業の典型が、医師である。医師は白衣を着ているが、その仕事の実質は典型的なホワイトカラーではなく、生身の患者さんを診察し、ときに往診し、手術をする。まさにデスク外のリアルな仕事で人の命と健康に関わるエッセンシャルな仕事をしている。

相当の勉強量を重ねて膨大な知識を保有し、適切な訓練が施《ほどこ》されたうえ、常に進化する医学というテクノロジーを吸収しなければできない仕事だ。人々は自分や家族の命や健康がかかっているため、保険制度という間接的なシステムではあるが、相応に高い対価を支払うことに躊躇しない。そして医師にはそれなりの所得は保証されている。これは医師が提供するサービスがエッセンシャルで価値が高く、かけがえのない仕事であるからだ。おそらくパイロットも近い類型のアドバンスト・エッセンシャルワーカーだろう。

他方、通常のエッセンシャルワーカーも実は本質的な仕事を担っているものの、業務特性として労働集約的な仕事なので、比較的労働生産性は低い。そのため、平成に入ってからのデフレと人余りの時代は、エッセンシャルワーカーは結果的に雇用の受け皿としての機能を果たしやすくなっていた。政策としてもそのメカニズムを利用せざるを得ず、政労使の一致を見て、長くその役割を担ってきたのはすでに述べた通りだ。

実際、そこに非正規雇用をはじめとする弱い立場の人々が流れ込んだ。そのため、さらに労働生産性が下がるというスパイラルに落ち込んでいった。その構図は、日本だけでなく世界共通の問題となって噴き出している。労働者数が多いのに、労働生産性が低いために賃金の上昇が実現していない。この問題と移民問題が重なり合っている欧米諸国では政治情勢が極めて不安定になっている。ただ、繰り返しになるが、少なくとも日本では「労働者数が多いのに」という前提は完全に崩れ、元の過剰供給に戻る可能性はほぼない。

これからの新たな「分厚い中産階級」創造に向けて

分厚い中間層のある社会は健全である。1950年代の米国の白人社会がそうであったし、日本でも1960年代の高度成長期から90年代のバブル崩壊までは「一億総中流」の時代だった。社会的に安定するし、生まれた家庭による不公平(いわゆる「親ガチャ」)は少なくなるし、家計消費力が堅調になるので経済成長の持続性も高い。

ただ米国も日本も「分厚い中産階級」が成り立った経済的な前提条件は大量生産・大量消費型の組み立て製造業の全盛期であり、それが崩れるとどうしても税と社会保障による所得再分配に過度に頼るようになり、結果、「成長か分配か」のジレンマに陥る。1990年代以降、米国は破壊的イノベーションの世界的エンジンとなることで成長力を取り戻したが、格差問題、分断問題が深刻化している。逆に日本は「停滞なる安定」を選択した。そしてエッセンシャルワーカーの仕事は、雇用の受け皿として分厚い中産階級が縮小することに対する安全弁としての役割も担っていたように思う。

このように日本で少子高齢化による労働供給制約社会が始まった今、エッセンシャルワーカーこそが質量ともに社会の主役となっていく波が拡大しつつある。

なぜなら、かつてはホワイトカラーが日本の中産階級を担ってきたが、第1章で説明した通り、ホワイトカラーは人手が余るフェーズに入り、それが回復する見込みがほとんどないからだ。さまざまな労働統計を見ると、ホワイトカラーは勤労者の3割から4割しかいない。すでに残りの6割はホワイトカラーではない。しかも、今後ますますホワイトカラーが減っていく流れは止められない。中高年サラリーマンだけでなく、全社会的、全世代的にジョブシフトは進んでいく。

そうなると21世紀の中産階級はローカル産業、とくにそこで働くエッセンシャルワーカーに担ってもらわなければならないのである。分厚い中産階級は社会を安定させ、経済を成長させていくうえで欠かせない存在だ。両極化するホワイトカラーのなかで、少数の富裕層がいくらお金を使っても、分厚い中間層の消費力にはかなわないからだ。

しかし、これまでのエッセンシャルワーカーは、むしろ低労働生産性（低賃金だが頭数での雇用創出力が高い）を梃子に雇用の受け皿になることで、ある種の社会的均衡がつくられてしまい、多くの中産階級雇用を生み出すことができなかった。この均衡から脱却することは今や社会経済的な急務である。

そこでまずはエッセンシャルワーカーに多い非正規雇用の無意味な対正規雇用格差について、労働法の同一労働同一賃金規制、最低賃金制度や社会保険適用基準などの制度改革で徹底的になくすことが求められる。

それと同時に、経営的にはたびたび述べているようにエッセンシャルワーカーの付加価値労働生産性を上げる。裏返して言えば、政府は生産性が低い企業が人手不足や人件費高騰で淘汰されるのを黙って見過ごすべきであり、余計な支援をしないことである。

これが、これからの日本経済の成長においても、社会的なインフラの危機を回避する意味でも、最大公約数的な解になる。そのための方策については次章でさらに詳しく掘り下げる。

前にも述べたように、バブル崩壊後、非正規が増え、じわじわとローカル産業へ、エッセンシャルワーカー（ノン・デスクワーカー）セクターへと雇用がシフトするのに対し、政府（おそらく小泉内閣以外のほとんどすべての内閣）は四半世紀にわたり、それを再びホワイトカラー正規雇用に押し戻して「分厚い中間層」にしようとあれこれやってきた。非正規雇用を正規雇用に戻そうとする政策は、その典型例である。経済団体も、労働組合も、それによってホワイトカラーが復権すると夢想してきた。

しかし、それはうまくいかなかった。それどころか、ますますホワイトカラー中間層が危うい存在になっている。今流行りのＥＢＰＭ（エビデンスに立脚した政策形成）的に言えば、エビデンスはもう十分。人手の余剰が続くホワイトカラーは、エッセンシャルワーカーにジョブシフトすることを前提に、新たな中間層を形成することを考えるべきなのだ。

エッセンシャルワーカーはすでに社会の大半を占めている

少し前から「親ガチャ」という言葉が世間に登場している。２０２１年には流行語大賞にノミネートされるなど、市民権を得ようとしている。子どもは親や家庭環境を選ぶことができず、自分の不遇は親や環境のせいで、自分ではどうにもできないという意味合いだ。

この親ガチャが起こるのは、ホワイトカラーとエッセンシャルワーカーの間に社会的経済的な階級格差、上下関係が色濃く残っていることも一因である。格差があっても全体として経済成長していれば不満は薄まるが、成長していなければ、それが世代を超えて再生産され、格差に対する怨嗟《えんさ》は強くなっていく。

実は、これは日本だけのことではない。世界中で同じことが起きている。とくに、その格差のダイナミズムで成長しているのがアメリカモデルである。むしろ、日本よりアメリカのほうがはるかに格差の問題は深刻で、ホワイトカラーでも階層分化が起こっている。

今のアメリカで、ＧＡＦＡＭやエヌビディアなどの「アッパーホワイトカラー」に就こうと思えば、相当程度の教育を受けなければならない。高度な教育を受けるためには、持って生まれた地頭のよさと、家庭環境、経済的裕福度が高くなければとても届かない。かつてのように、ノーマルな労働者階級の子どもに生まれた人が、マサチューセッツ工科大学やスタンフォードに入るのは、至難の業に近い。

根がむき出しの資本主義の国アメリカでは、放っておけば所得格差が開く。かつてのGMやフォード、RCAやGEと違い、現代の成長をけん引するデジタル産業は国内に大量の中産階級雇用を生まない。スタンフォードの大学院を出てPh. D. を取得し、ベンチャーを興して大金持ちになった夫婦の子どもは、おそらく地頭もよい。教育資金はふんだんにあり、居住地の環境にも恵まれているから、健全なアッパークラスの競争に揉まれ、やがてスタンフォードに行く。そうした世代的な再生産が繰り返されていく。稀に頭脳や運動で超優秀な素質に恵まれた一般家庭の子女が奨学金で一流大学に行くケースはあるが、それはあくまでも例外的。社会が知識集約産業のほうに向いていくと、「親ガチャ」傾向は加速する。その結果が、今のアメリカなのだ。

かつての大規模組み立て生産モデルは、中レベルの学歴の人を大量に吸収し、かつ安定した雇用と相応の賃金を支払うことが可能だった。あのヘンリー・フォードが「フォーディズム」として実践した通り、生産性を劇的に押し上げ、その果実を労働者に分配することで、彼らがフォードの大衆車の顧客になり、自社の再成長にも貢献することになった。それが「偉大なる中産階級社会」で、1950年代にアメリカで確立されたモデルだった。現在も脈々と続くアメリカ社会の中心にいるのは、私たち日本人が目にする東海岸やカリフォルニアなどにある最先端の大都市に住む人々ではない。シリコンバレーやニューヨークはアメリカであってアメリカではないのだ。

むしろ、大都市からほんの少し田舎に入ったところにあるステーキとハンバーガーしかないような町、工場労働者が住む町や農業が中心の地域がアメリカの本質だ。「アラバマ物語」や「アメリカン・グラフィティ」などアメリカ人のソウルムービーは、田舎町を扱った話が多い。それが大半のアメリカ人が見る普通の景色だからだ。そしてこうした町に住む人たちがトランプ氏の強固な支持基盤になっている。

実は日本でも、それに近いことが起こっている。

首都圏に住む高所得者層の子どもは、東京、神奈川、千葉、埼玉の有名私立中高一貫校に通い、彼らは東京大学をはじめとする高偏差値の大学に進む。有能な学生は自ら起業し、成功して高所得者になる。一般企業への就職もいまだに大学に規定されるため、高偏差値大学の学生は超優良企業の社員になり、比較的高所得な層として、子どもの教育にお金をかけていく。その結果、高学歴×高所得の再生産が行われていく。

いわゆる都心三区（港区、千代田区、中央区）のタワーマンションに住むパワーカップルの世界はさらに進んでいて、両親ともに超高学歴で、外国籍の人も少なくない。そしてグローバルな金融、コンサル、IT産業、テックベンチャーで働き、その子どもたちが狙う最終学歴は、欧米のトップ大学だ。新型グローバル人材と呼んでもいいだろう。

ただ、その傾向を嘆いてみても仕方がない。

そういう人たちを引きずりおろしたとしても、エッセンシャルワーカーが貧困から脱却できるわけではない。だとすると、エッセンシャルワーカーの賃金を上げ、彼らにどれだけ多様なチャンスを与えられるかのほうが重要なのだ。逆にグローバル経済圏のアッパーホワイトは、再生産を繰り返しながらどんどん上昇してもらい、欧米や新興国に負けない高給取りになり、グローバル経済圏で日本の富に貢献してくれればいいと割り切るべきだ。

これに対し、より多様な才能、より多様な学歴や経歴、より多様な家族歴の人をたくさん吸収できるのは、むしろエッセンシャルワーカーセクターや現場ワーカーセクターだ。

高学歴競争には不向きで、人生の途中で「やんちゃ」になってしまった人でも、腕さえあればのし上がれる。例えば、建設業従事者でも人手不足と高齢化が甚だしい技能工の日当は5万円を超えているケースも出ている。8時間労働×週5日ペースで年収は1000万円を超えるレベルだ。

多様な人生を吸収し、多様な人生を肯定して中産階級に押し上げるほうが、知識集約産業のアッパーホワイトの数を大量に増やすことより、はるかに現実的だろう。こうした選択肢を社会や企業が用意できるかが、これからの日本社会では問われることになる。

「逃げ恥」から見えてくるリアルな社会構成

（おそらくは大卒ホワイトカラー系のほうが多いであろう）本書を手にした皆さんの中にも、このような社会の変化にピンとこない人がいるかもしれない。しかし、それが着々と進行していることは、身近な例、ヒットしたコミックやドラマにもすでに反映されている。

2016年に新垣結衣さんと星野源さんの主演でテレビドラマ化された『逃げるは恥だが役に立つ』、通称『逃げ恥』においては、伯母役の石田ゆり子さん演じるキャラクターだけがホワイトカラーのキャリアウーマンとして頑張っていた。

新垣結衣さんが演じる森山みくりは大学まで出たけれど就職に失敗し、いろいろなアルバイトで糊口《ここう》をしのいでいる。星野源さんが演じる津崎平匡《ひらまさ》はITオタクのサラリーマンだが、小さなソフトウエアハウス勤務で終身年功制とは無縁である。

森山みくりの両親は千葉に引っ込み、マイルドヤンキーモードになっている。お友だちの田中安恵（演：真野恵里菜さん）は元ヤンキーで、離婚してシングルマザーになり、地元に帰って実家の八百屋を継いでいる。

どちらかというと、東京は生きづらい場所で、地元に帰るとみんなハッピーで楽しく暮らしている。そういう風景が描かれている。おそらくそれが、今どきの若い世代にとっての普通の風景になっている。もちろん、同級生や仲間のなかに東京のＪＴＣ（伝統的大企業）に就職した仲間もいるだろうが、それが決して標準ではない。

むしろ、東京のＪＴＣにおけるオフィス空間で完結するドラマは、見ているほうにとってはリアリティーがない。その代表格が『半沢直樹』で、メガバンクを舞台に権力争いに終始する内容は、若い世代にとってはおそらく新たな「時代劇」として楽しまれているのではないだろうか。

ヒットドラマは社会の実態を反映するので、出世を目指したり、権力争いをしたりしながら24時間働くサラリーマン的な悲哀は、現代の若者にはピンと来ない。それなのに「今どきの若者は草食化した」としたり顔で語るのは「昭和のサラリーマンなおっさん」だけで、若者は環境に適応しているにすぎない。

１９８０年代から１９９０年代に隆盛をきわめた「トレンディドラマ」は、東京のＪＴＣにおけるオフィスネタが多かった。しかし、最近はそういう設定がほとんどない。それは社会の実態が違う方向に変容したからなのだ。

その証拠に、地元の小学校、中学校の同窓会に出てみるといい。

東京だろうが、田舎だろうが、誰でも知っている有名企業に就職しているのは、およそ2割から3割のマイノリティである。私は世田谷区の尾山台《おやまだい》で育ったが、年に一度開かれる小学校の同窓会に参加する同級生たちを見ると、JTCのサラリーマンはずっとマイノリティだった。家業を継いで商店街の店主や中小企業の経営者をやっていたり、地元の区議会議員だったり、看護師や介護士として働いていたりする。そういう人のほうが圧倒的に多かった。

中学高校は国立の一貫校に通ったので、その仲間は異様にホワイトカラー率が高かったが、一般的な公立小中学校の世界では、ホワイトカラー比率が高いと言われる東京、世田谷の尾山台でさえも、ノン・デスクワーカーがマジョリティという構図なのだ。

エッセンシャルワーカーセクターは、きわめて多様性が高い。新しい分厚い中間層モデルは、多様性の承認でもある。いろいろな人生、いろいろな生き方があり、それぞれが中間層であるという世界を目指すべきではないか。

人手不足の実態と労働運動大転換の必要性

エッセンシャルワーカーセクターの人手不足は、裏側から見れば、経営者も労働者も失業問題から解放されるということだ。これはバブル崩壊以来の現象なので実に30年ぶり。実感として覚えている現役世代はほとんどいないだろう。

例えば急ピッチで自動化し、急ピッチで人を減らす「合理化」が求められるのだが、今までの発想では「合理化」＝リストラ＝失業やワーキングプア問題となる。しかし、これからはそれでも人手が足りない状況が起こる。失われた30年に経営に携わった人や労働組合からすると、摩訶不思議な現象が起こってくるのだ。

だからこそ、これからは労働運動も「攻め」に大転換する必要がある。

これまでは雇用を守ることが労働組合の唯一無二、最大の使命だった。しかし、労働供給制約の時代に入り、労働組合がそれほど頑張らなくても雇用は守られる。むしろ、賃金を上げる、労働時間を減らす、ブラックな会社から労働者が転職することを支援する、という攻めの労働運動に転換しなければならない。それほど、人手不足の実態は深刻なのだ。

私は産業再生機構時代から、働く人々の生活と人生を守るためにいろいろな形で労働組合の皆さんと共闘してきた。同志的な感覚も持っている。厚生労働省の労働政策基本部会の委員も10年近く務めている。だからいまだ古い時代の枠組みから完全脱却できない労働組合運動に歯がゆさを感じている。労働運動の大転換を心から期待している。

職種別に労働需給の未来を読み解く

では、ここからエッセンシャルワーカーセクターの人手不足の状況を、個別部門ごとに見ていきたい。データやグラフについては、古屋星斗＋リクルートワークス研究所の『「働き手不足1100万人」の衝撃』（プレジデント社）を参考にした。

次ページの図にあるように、ほとんどの業種で2040年には概ね15％から25％の不足率になる。この不足率は、満足にサービスを受けられないことを意味する。実感が持てない人のために、このあと現時点での人手不足によるサービス停滞を具体的に報告する。すべての部門を網羅してはいないが、現状の実態を垣間見ることができるはずだ。

社会インフラ部門――道路維持は徐々に困難に

国土交通省が主宰し、私が会長を務める「インフラメンテナンス国民会議」は、2016年11月に発足した。その設立の背景と目的にはこう書かれている。

「インフラは豊かな国民生活、社会経済を支える基盤であり、急速にインフラ老朽化が進む中で、施設管理者は限られた予算の中で対応しなければなりません。よって、インフラメンテナンスを効率的、効果的に行う体制を確保することが喫緊の課題となっています。また、豊かな国民生活を送る上でインフラメンテナンスは国民一人ひとりにとって重要

5. 介護サービス

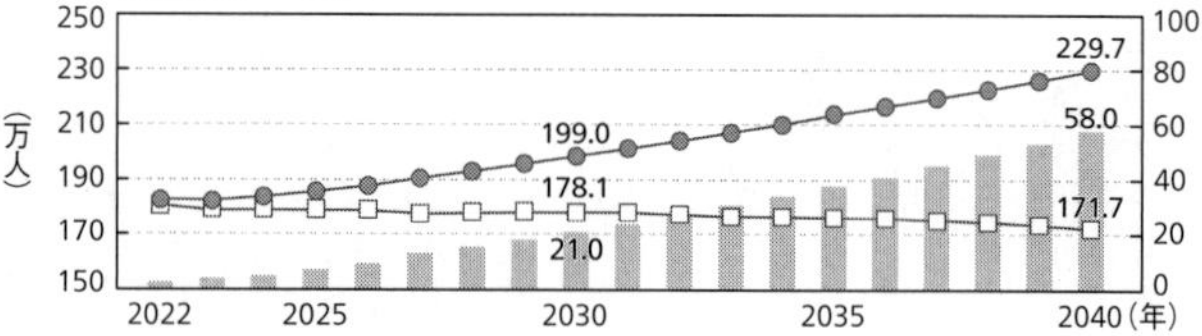

※介護職員、訪問介護従事者など

6. 接客給仕・飲食物調理

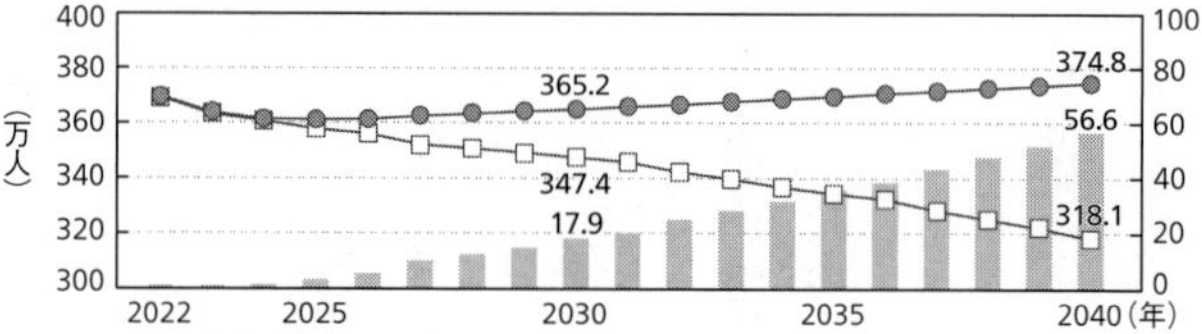

※飲食物調理従事者、接客・給仕職業従事者など

7. 保健医療専門職

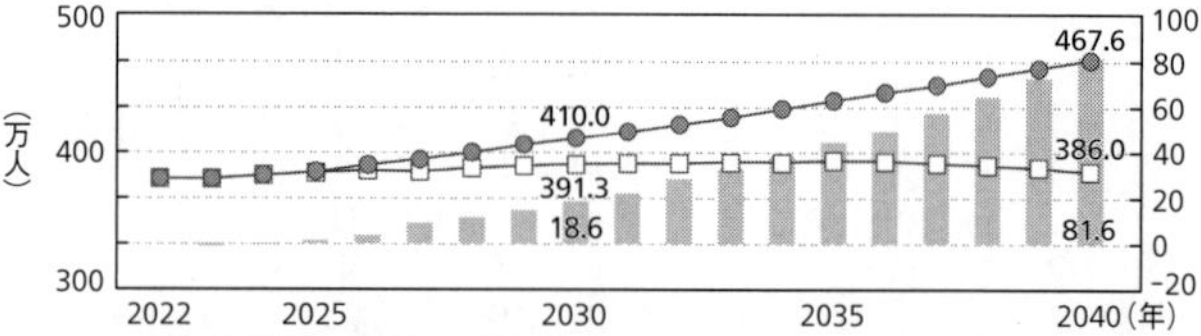

※医師、歯科医師、看護師、薬剤師、保健師、助産師、臨床検査技師など

8. 事務、技術者、専門職

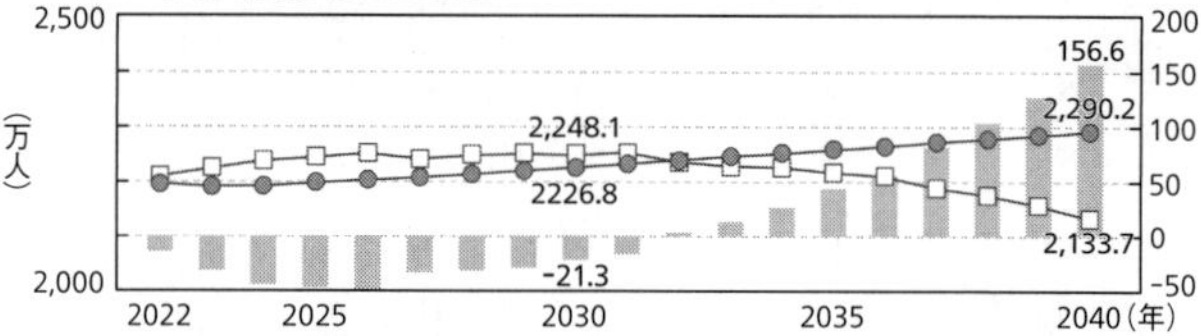

※事務従事者、技術者(機械技術、ソフトウェアなど)、教員、専門職業従事者など

供給不足(右軸)　労働需要(左軸)　労働供給(左軸)

リクルートワークス研究所「未来予測 2040」をもとに作成

図　2040年までの職種別の労働需給シミュレーション

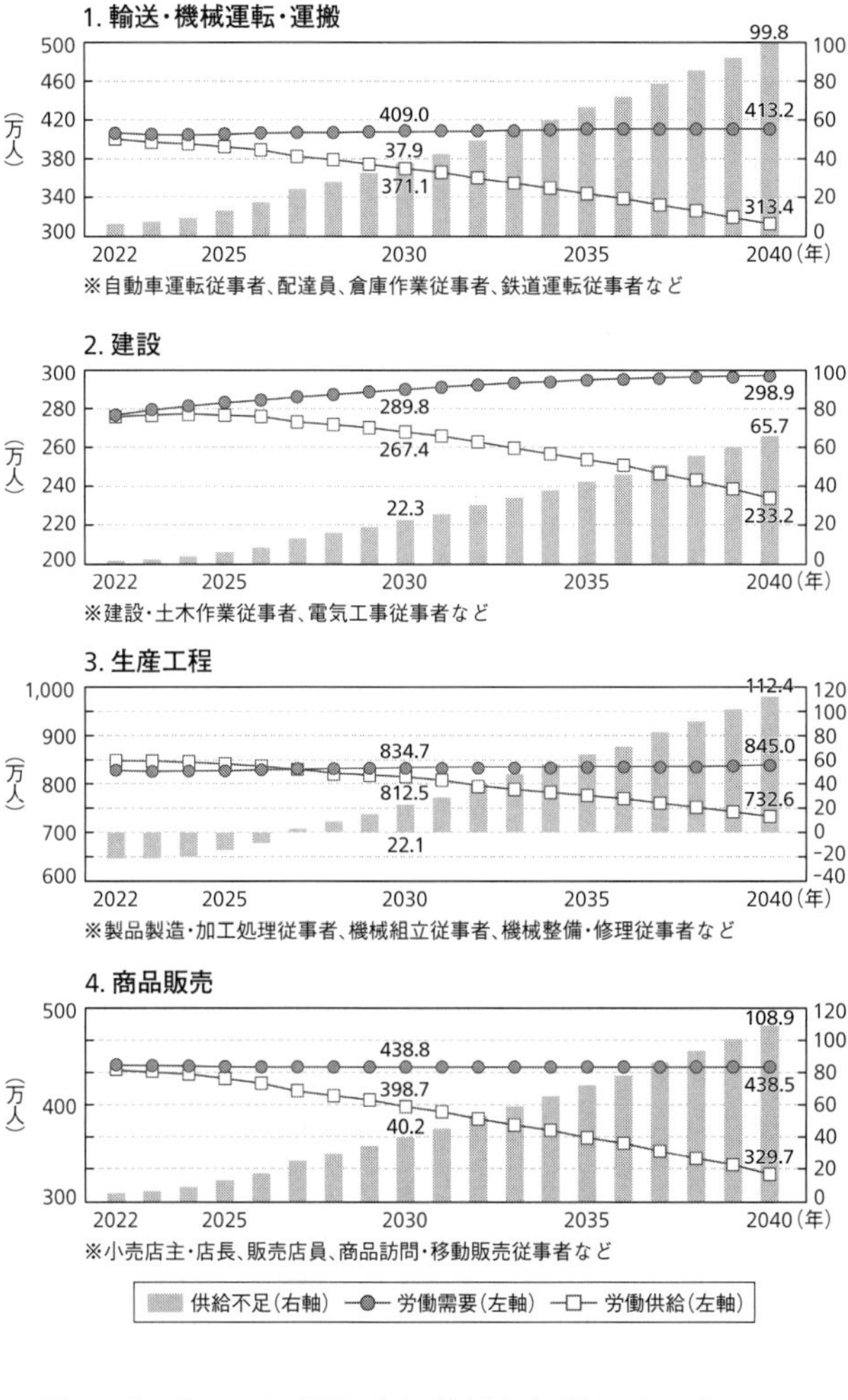

なものです。よって、インフラメンテナンスに社会全体で取り組むパラダイムの転換が必要です」

つまり、老朽化が進むインフラを放置しておくと国民が生活に不便を強いられるから、どうにかしなければならないという趣旨である。こうした会議を設置しなければならないほど、インフラの維持が難しくなっている。

しかも、その発足年月を見てほしい。つい最近の話ではなく、今から約8年前だ。省庁が主宰する団体は、現場の状態を見て後追いで動き始めるものだ。そう考えると、この問題は10年以上前から深刻化していると言っていいだろう。私が『なぜローカル経済から日本は甦るのか』を上梓し、ローカル経済の人手不足に関する問題意識を提示した2012年から2013年あたりと符合する。

社会インフラの分野において明確に起こっているのは、人口増加期に全国津々浦々に張り巡らされた道路網の維持がほぼ不可能になっている点だ。高速道路や国道、県道はかろうじてメンテナンスができているが、最近はそれも怪しい。一部の市町村道は壊滅的な状況になりつつある。

実はこの国民会議が発足したきっかけは、2012年12月2日に起きた、笹子《ささご》トンネルの天井板崩落事故だった。当時、私はこのトンネルを管理する中日本高速道路の社外監査役を務めていて、事故後のさまざまな対応にも関わった。この事故は私と同世代と思われる親御さんたちが大切なお子さんを失うことになった痛ましい悲劇であり、私自身、インフラメンテナンスの重大性を改めて痛感することになった。

笹子トンネルのような中央道という基幹高速道路のトンネルでさえ老朽化が進み、あのような重大事故が起きたことは、国交省をはじめとしてこの国のインフラに関わる多くの人々に衝撃を与えた。その後、国交省と土木学会が力を合わせて国民会議をつくろうということになり、私に会長就任の打診があった。

土木の世界に関して自分は門外漢であり驚いたが、インフラは国土形成の基本であり、国土形成は国民の命と生活、すなわち社会経済活動の基本である。私たちの会社は公共交通事業者としてこれを利用して東北地方を中心に地方交通事業を営んでおり、東日本大震災の被災当事者としてインフラの重要性は嫌と言うほど思い知っている。

加えて中日本高速道路での経験と、「国民会議」の名の通り、産官学が一体となって取り組む趣旨を明確にするという意味で、経済人の私に会長を、という依頼だったので、ある種の天命を感じて会長を引き受けることにした。この領域で私がもっとも尊敬する家田《いえだ》仁《ひとし》先生（元東大教授、元土木学会長、現政策研究大学院大学特別教授）が副会長を担われるという安心感も後押しとなった。

インフラメンテナンスに関する危機的な状況は、いわゆる地方だけの話ではなく、政令指定都市レベルでも変わらない。交通量がそれなりにある生活道路でさえ、路面の陥没や凸凹が何年も放置されている。路側《ろそく》の雑草や街路樹の刈り込みが行われていないため、伸び放題の雑草や街路樹が道路にせり出し、通行の邪魔になっている場所も少なくない。快適に走れないという域を超え、もはや通行が危険にさらされている水準である。

インフラの問題が起こる要因の一つに、土木技術員の不足がある。土木技術員は、役所の側で公共インフラ工事の発注や施工管理を行う職種である。

現状、多くの市町村に土木技術員がいない。少なからずの市町村で土木技術員を置くだけのコストが負担できない、あるいはあっても就職してくれないからだ。都市部の建設会社や不動産会社の土木技術員の仕事は、住む場所も都会で地方公務員より給料が高いため、そちらに流れているのが実情である。施工管理ができなければ、そもそもインフラ工事の発注ができない。これがインフラメンテナンスが滞っている一つの要因である。

そこで、インフラメンテナンス国民会議とその傘下組織である同全国市町村長会議のイニシアティブで、複数の市町村をグルーピングし、それら市町村が管理する道路を「群管理」にしようという動きを始めている。その「群」を一人の土木技術員が巡回し、必要な工事の施工管理を行うのである。

インフラメンテナンス国民会議ではその他にも自治体、施設管理事業者、建機会社、ベンチャーなどの先進的な取り組みの表彰や横展開、技術マッチングなどの運動を行い、インフラメンテの生産性向上、効率化を進める努力を続けている。しかし、このような必死の創意工夫を積み重ねてもインフラメンテの未来はけっして楽観できない。

例えば、受託側で起こっているのは、入札不調である。つまり、業者が市町村の入札に札を入れなくなった。

インフレによる資材高騰と人件費高騰、そして工事従事者不足のなかで、低価格で、業者としては工事をやればやるほど赤字になる案件には手を出したくないからだ。これまでは、仕事を確保するために入札し、赤字覚悟で落札することもあった。しかし、もはや建設会社に赤字受注の合理性はなくなったのである。

経済合理的な解決策は、市町村側が予定価格を思い切り上げるしかない。ところが、上げようとしても財源の問題があるから、頭を抑えられてしまう。逆に、民間の工事は建築費、工事費ともに高騰しているので、業者としてはそちらに向く。結果、落札者が不在で工事が始まらない、始まっても金と人が足りずに工期が遅れる状態が頻発している。

道路は傷んだまま、メンテナンスが不備の状態が続くと、地中に埋まる水道管もガタガタになってしまう。そうしたときに災害が起こったら、ライフラインが止まり、崖崩れが起こり、復旧に時間がかかる。担う業者がいないから、住民が自分でショベルカーを動かして作業をしたりしている。能登半島地震の被害からの復旧が遅れていることもこの問題と無関係ではないだろう。すでに、そのような事態に陥っているのだ。

需要密度を維持するという解決法——コンパクト&ネットワーク

少子高齢化型の人口減少は、ローカル経済と地域生活に何をもたらすか。

生産年齢人口が先に減少し、それを追いかけるように全体の人口が減少すると、顧客密度が薄くなる。面積当たりに住む人が減っていくため、需要密度が低くなっていく。

地域密着、顧客密着のリアルな現場業務が大半を占めるローカル産業は、密度の経済性に大きく支配される。だから単純な規模型にはならず、中堅・中小企業が主役の経済圏になるのだが、それゆえに需要密度の低下から大きな影響を受ける。

そして、これまでの常識では人口減で需要が縮むと、サービスや作業を担う供給サイドは過剰となるはずだった。しかし、今起こっているのは、同時に供給サイドも不足するという不思議な現象である。

この状況は、道路、水道、公共交通などのインフラ産業にどのように影響するのか。

インフラ産業のコスト特性はカバーする面積比例の固定費型なので、需要密度が低下すれば経済効率は下がる。水道を引いても、道路を整備しても、それに見合うだけの需要がないからだ。それでも地域住民の生活のためにインフラを維持しなければならない。低い経済性を前提に住民サービスを維持することになる。国も地方も厳しい財政事情の中で経済性が悪化すれば、働き手に十分な給料を払えない事業になっていく。もともと地方は社会減と自然減のダブルパンチで人手が足りないなか、ますますやる人がいなくなる。インフラの脆弱化が進めば人口減少は加速する……。

これが人口減少による供給縮小のスパイラルで、すでにそのスパイラルに入っていると考えていい。

実は密度の経済性の悪化による縮小スパイラルは、バスや鉄道などの地域公共交通、宅配などの地域物流、後述する訪問医療や訪問介護など、ローカル産業の多くで起こっている。商圏密度で成立・不成立が決まってくる小売業や飲食業でも同じ問題が起きている。その結果、地域人口密度の低下→生活サービスの採算性が悪化→撤退やコストカット→生活利便性も賃金も低下→地域の生産人口のさらなる減少→人材確保ができずさらなる撤退……という流れで地域社会の消滅危機につながりつつある。

通常の経済学の感覚で言うと、人口減少は顧客が減って供給力が余ることを意味する。しかし、人口減少で需要が縮んでいるのに、それを上回るスピードで労働供給が減少している。オーソドックスな経済学では想像がつかない状況が起きている。

結局、地域インフラ問題の解も、付加価値労働生産性を上げることしかない。そのためには、二つのことを考えるべきだ。

一つは、人口減少のなかで需要密度を維持する方法である。これは、「集住」しかない。コンパクト&ネットワークだ。

およそ10万人から30万人が居住する都市と、それをつなぐ幹線道路沿いに住民が集まり住む。過疎地からは次第に撤退していくしかない。そうすれば、道路のメンテナンスは今より少ない工事で成り立つ。水道などのインフラも、配管が短くなりメンテナンスもシンプルになる。バスや鉄道も同様である。

もう一つ考えなければいけないのは、DX、CXによって、供給サイドの生産性を上げることだ。改めて詳しく話すが、ローカル産業の多くは、DXと相性がいい。DX及びDXから生まれる新たなサービスやビジネスモデルは、ローカルビジネスにとっては補助財的な位置づけになるからだ。

キーワードは、需要は密度、供給は生産性である。これを真剣に進めていかない限り、社会機能の維持が危うくなる。

警察や消防などの公共安全機能も、人が分散して住んでいると効率が悪い。警察の防犯パトロールの効率は下がるし、いざと言うときに駆けつけるのも遅くなる。消防は消火に使用する機材があっても、割ける人員がいなければ消火に行けない。そのサポートをする消防団も、高齢者しかいない過疎地では若い人がいないため成り立たない。一刻を争う消火活動で遠くから駆けつけるのでは、その使命を果たせない。

集住によって地域の人口密度を高め、需要を集中させるしかないという解にたどり着く。世の中、東京一極集中のアンチテーゼとして「多極分散」という言葉を使いたがる人が多いが、多極「集住」でないと我が国の地域経済と地域生活の持続性は危うくなる。

農業・水産業・食品部門――ブランディングに活路を見出せる

農業・水産業の人手不足は、今に始まったことではない。しかしそれも、急激な勢いでさらに人手が足りなくなる。これら食料に関わる産業の担い手不足に対する解も、供給側の付加価値労働生産性を上げることにたどり着く。

すでにかなりの財政的支援が行われている中で、それでも担い手がどんどん減少してきたということは、いろいろな意味で魅力がない仕事であり、若い世代が従事してくれなくなっていることを意味する。仕事の魅力度はつまるところ、より少ない労働時間で多くを稼げるか、ワークライフバランスの取れた人生を送れるか、である。だとすれば、広大な土地がない欧州での成功例をみればわかるように、実は農業・水産業でもDX、CXは可能であり、それによっていかに農業・水産業を高付加価値、高収入の産業にできるかということしかないのだ。

その脈絡でよく言われるのが「六次産業化」である。

「一次産業としての農林漁業と、二次産業としての製造業、三次産業としての小売業等の事業との総合的かつ一体的な推進を図り、地域資源を活用した新たな付加価値を生み出す取組」（農林水産省ホームページより）

六次産業化はそう定義される。しかし、これが正しいとは思えない。

なぜなら、六次産業化は地域の産品を「ナショナル」な食品産業に組み込む議論になってしまうからだ。ナショナルな食品産業は、すでに数多ある食品メーカーのゲームである。これは、どちらかというと工業化モデルであるため、本質的に量とコストのゲームになる。ここに漫然と組み込まれてしまうと、結果として低付加価値な下請け、孫請けになってしまう。それでは、ローカル産業の付加価値額を高める取り組みにはならない。

実際、地域産品が大手食品メーカーとコラボレーションするケースをよく見る。だが、ほとんどのケースでうまくいっていない。

ナショナルな食品メーカーは、コストを抑えて量をさばくというビジネスモデルになっている。そこで地方の農家や企業が下請け型から脱却しようとするとナショナルな食品メーカーの大きなコストを、ローカル産業が背負わなければならないからだ。高度成長期でもあるまいし、今どき、ローカル産業がそんなものを背負ってナショナルプレーヤーに大成長できる余地はほとんどないし、その必要もない。

そもそも食品産業は、一部の領域を除いてそれほどストレートに規模の経済性は効かない。その証拠にグローバルに寡占化が起きている領域は、ソフトドリンクなど一部の商材に限られる。そのソフトドリンクでさえ、トップメーカーであるコカ・コーラのグローバルシェアは6％程度。食品は、原材料の地域性、鮮度要求、あるいは嗜好の地域性、物流コストなどの要因で、世界的共通コストの比率が低く、ナショナルレベルでも簡単には規模の経済性は効かない。要はグローバル産業というよりローカルとの中間くらいのグローカル産業なのである。

そこにデジタル技術の登場で、マーケティングや配架面で大手メーカーしかできなかったことが中小でも可能になっている。デジタルを使いこなせば、地域性、季節性のある付加価値を直接、消費者にアピールできるし、直送によって配荷できる。価格設定も自らできるのでコスト勝負にはならず、商品の魅力と希少性だけで勝負できるのだ。

むしろ親和性があるのは、ナショナルな食品メーカーとのコラボよりも観光業のほうである。産地に来てもらい、そこでおいしいものを食べ、おいしいものを買う。そのようなモデルにしたほうが、物品は高く売れる。

欧米のレストランやオーベルジュ併設のワイナリーやチーズ工場などのモデルである。そこから地域の農産品や水産品、加工品が全国ブランド、世界ブランドになっていき、継続的にネットや高級食材店で販売することも可能となる。

稲作に限れば、生産性は高くないが景観の美しさで群を抜く棚田は、田植えなどのアクティビティを含めた観光資源としてマネタイズする。北から南まで四方八方を海で囲まれ、美しい川や湖に恵まれ、多種多様な魚種を誇る漁業も、増えつつある地方立地のミシュランクラスの飲食業や高級ホテルとのコラボはもちろん、世界のアクティビティ観光の王様がフィッシングであることを考えると、まだまだ付加価値を取り込む余地がある。

あとでまた触れるが、これからの日本に必要な観光業は明らかに高付加価値型観光業であり、その不可欠な要素は、豊かな文化遺産と美しい自然、そして何よりも「食」、すなわちおいしい食べ物である。その点、日本ほど多くの文化遺産、美しい景観、山海の珍味、おいしい食材に恵まれ、農家や漁師の技術レベルも高く、かつ高い調理技術の料理人が多数いる国はない。

20世紀的な食品「工業」モデルによる六次産業化よりも、ローカル型産業であるツーリズムと地域の食の融合を目指すことに21世紀の日本農業、水産業の未来がある。

ありがちなのは、せっかく地域で評判の商品を開発したのに、東京をはじめ全国の有名百貨店に出店したとたん、ローカル版という希少性を失い、衰退していく展開だ。規模拡大を追って付加価値と希少性を失うパターンだ。

ローカル産品は、働き手がどんどん少なくなる中で、チープレーバー（低賃金で雇用できる労働力）を使って大手メーカーや大手小売りの下請けとして生き延びる余地はどんどん減っていく。他方で自社ブランドで勝負するにしても規模型、工業型のナショナルブランドとは違う戦い方をしなければならないゲームである。必然的に付加価値労働生産性の高いビジネスモデル、競争モデルでないと成り立たないのだ。

しかし、ゲームが変わっているのに、この点をいまだに間違える人が多い。

繰り返すが、大手食品メーカーのような売り上げ、数量を追い求めるモデル、重い固定費を背負うモデルに巻き込まれる必要はない。一つ100円で粗利率10％の商品を20個売って200円の粗利を稼ぐなら、単価を上げて一つ1000円で1個売って200円の粗利を得たほうがいい。人が不足しているのだから、数をさばこうとして人を増やせば無理が来る。むしろ、供給を抑制して利益率を上げたほうが適正なビジネスモデルになる。

需要に対して供給を抑制する。つまり、供給不足の状態を維持することは、すなわちブランディングである。例えば、ヨーロッパのルイ・ヴィトンなどのブランドビジネスの基本戦略は、「キープ・マーケット・ハングリー（keep market hungry）」である。

私は若いころに欧州の代表的なブランド企業がクライアントの仕事をしたことがあるが、彼らはこのスタンスを徹底している。マーケットが飽和状態になったのに、そこに無理やり供給を押し込もうとすると、価格は下がっていく。日本企業の好きな「前年比プラス予算」を漫然と立ててしまうと、付加価値の追求ができなくなる。それよりも実売価格が値崩れしていないか、並行輸入ルートなどの非正規ルートで売られている商品がどのくらいあるかにいつも目を光らせている。怪しい商品があれば、調査会社などを使って購入し、その真贋《しんがん》を調べ、シリアルナンバーなどによってどこから流れてきたかを突き止める。

日本の公正取引委員会は少し前まで同一ブランド内競争にこだわって、「流通・取引慣行ガイドライン」によってこの手の価格調査を違法扱いしていた。しかし、高付加価値型ビジネスモデルにおいては、ブランド間競争、価値競争こそが重要で、ブランド間か同一ブランド内かを問わずとにかく安く売らせることを促す競争政策はデフレ促進型となり、国民経済を貧しくする。このガイドラインが立脚していた、メーカーが強く小売りは弱者なので、不当な価格拘束が横行するという業界観も、今のように巨大小売り事業者やアマゾンのような超巨大ネット小売り事業者の時代にはそぐわない。

私自身、経済界の代表という立場でこのガイドラインの規制改革に関わり、結果、大幅な見直しがなされたが、価格はそれ自体がブランド価値を表象するものであり、安易な値下げは、結局、消費者のためにも生産者のためにもならない。消費者は生活者として所得を得ているのだから、価格破壊は消費者自身の生活を破壊していく。

きれいごとで農業の担い手は増えない——さらば「やりがい搾取」産業

人口が増加し、需要が右肩上がりでとにかく仕事をつくらなければならないときは、量的成長が重要だ。インドなどでは、今後もそれが大事になってくるだろう。しかし、日本は生産労働人口が減少し続ける社会なので、見かけの売り上げや数量を追い求めることにほとんど意味はない。私たちは、いい加減その呪縛から解放されたほうがいい。

付加価値労働生産性を上げるビジネスモデル、すなわち顧客から見て差異化され、高い付加価値を払ってでも選ばれるビジネスを突き詰めた結果、爆発的な人気が出て売り上げが伸びることはあるかもしれない。しかしながら、今の日本で、そこで調子に乗ってさらに量を追って価格を下げ、低賃金で働いてくれる人を集めて付加価値労働生産性が低い状態で売り上げを伸ばすことは非常に危険である。

せっかくできていた差異性は価格の低下とともに失われ、低賃金では人材の定着率は悪くなり、技能もモチベーションも下がって品質は低下する。そして売り上げが伸び悩む中でなんとか固定費（人件費や償却費）をカバーしようとして、安売りに走ってさらに商品のコモディティ化が加速する。やがて働き手も失ってビジネスの持続性に赤信号が灯りだす。むしろ「売り切れゴメン」と欠品させて「キープ・マーケット・ハングリー（keep market hungry）」にする状態をつくるべきなのだ。

このように、人手不足の時代においては、低労働生産性モデルのビジネスは賃金を上げられなくなり、他の高生産性、高賃金産業に人材を奪われて衰退していく負のスパイラルに陥る。この国は基本的人権として「職業選択の自由」と「移動の自由」を保障している。強制労働も強制移住も許されない。それは外国人労働者も同様だ。

稼げる仕事に就きたいのは、ほとんどの働き手の本音である。だから構造的な労働力不足の時代に入った今、労働力が低生産性・低賃金セクター（産業、企業、職種）から高生産性・高賃金セクターに移ることは止められない。このスパイラルは全産業で加速するのである。

概ね農林水産業はこのスパイラルにはまっており、これからますます衰退していくリスクのある産業である。担い手が減っているのは、単純に稼げないからだ。稼げない仕事は生産性が低いことと同義なので、明らかに問題は付加価値労働生産性の低さにある。

本気で食料自給率をひき上げたいのであれば、儲かる産業、高い給料をもらえる産業にしなければならない。これまでの農業施策は、儲からないことを所与として、そこに弱者救済型の補助金を入れ、低い生産性に甘んじながら、自作農主義にこだわって農地維持につとめてきた。この政策を何十年にもわたって繰り返しても効果が上がらなかったのだから、もうあきらめたほうがいい。

冨山家も祖父の時代までは専業農家で、カナダ移民から日米開戦直前に帰ってきた後は和歌山県で稲作農家をやっていた。農業は食料という人間生活の根本財をつくる産業であり、農家は自らの手でそれをつくり出すやりがいのある仕事である。祖父母も誇りをもって農業に従事していたが、どんどん稼げない仕事になっていった。幸い和歌山市近郊だったので少しずつ田んぼをアパートにして家賃収入を稼ぐようになり、父の代からは東京でサラリーマンとなって、ずっと不在地主農家になっていた。

やりがいのある産業が、いつの間にか「やりがい搾取」産業になり、それも限界が近づいている。これは農協の多くが農業関係から住宅ローンなどの金融事業へと主な収入が変貌したこととも重なる。

さすがに農水省も「そして誰もいなくなった」実態を直視して、政策転換を始めているが、まだまだ長きにわたった過去の農政の慣性はあちこちに色濃く働いている。制度的に可能になっても、「よそ者、馬鹿者、若者」が新しい発想や競争モデルを持ち込もうとすると、今でも有形無形にそれを難しくする障害が残っている。

すでに廃止が決定して縮小解散に向かって動いている官民ファンドの農林漁業成長産業化支援機構もその一例で、小規模な農林水産事業者を主役にするためにさまざまな出資条件を付けたせいで、中途半端な出資規模かつ商売の素人が「産業化」に挑む案件が大量に積み上がり、出資結果は死屍累々《ししるいるい》となった。

この機構の設立検討時に、私が所属していた財政審議会財投分科会でもこの点が問題となり、当時の農水省の担当者と激論になった。私が「この制約がある限り、絶対にこの機構は失敗する」と言ったのに対し、担当者は顔を真っ赤にして「あなたはニッポンの農政の何たるかをわかっていない！」と反論していたのを今でも覚えている。

この際、農水省は、食産業の経産省になって産業振興を図り、少ない人数で数量をつくることと、その数量を少ない人数で高く売れるようにすることに徹するしかない。それと整合しない現行制度や組織は廃止することである。存亡の危機に際して聖域はなし。

国が資金を支援するなら「強きを助け、弱きを退かせる」出し方へ完全転換する必要がある。これで既存の自作農や農協から廃業するところが出る、あるいは一部の農地が減ることがあっても気にしないことだ。付加価値労働生産性が上がり、週休二日で世帯年収1

000万円稼げるようになれば必ず農業従事者は増える。人口が減り、居住地面積が減る中で、農地への逆転換も起きるかもしれない。そして当然ながら食料生産力、潜在食料自給力は上昇に転じる。

実際、大都市向けの高付加価値「朝採れ」野菜などを供給することで農業従事者の世帯年収が1000万円を超える地域もある。北海道のいくつかの農協のように科学的な農法を普及させることで地域の農家や畜産業者の所得向上に貢献している事例も出ている。

世界市場に目を転ずると、高級果物の輸出で大いに稼いでいる農家の話もメディアなどが伝えているし、農工生産品ともいうべき日本酒の「獺祭《だっさい》」は今や世界ブランドである。日本の高い農業技術を使って米国で次世代イチゴ工場を稼働させ、ニューヨークで大成功している農業ベンチャー、Oishii Farm のような事例も出てきている。

髙島宏平氏が率いるオイシックス・ラ・大地も生産者と最終消費者の食卓を直接つなげる新しいビジネスモデルで成長を続けているが、最近は国際展開も進めている。日本の農業はローカルからナショナルを飛び越えてグローバルなポテンシャルさえ持っているのだ。今まで低生産性の既存小規模農家を守る政策で、イノベーションや新規参入を抑え込んでいた分、その潜在力は発揮されていない。

漁業でも、岩手県の重茂《おもえ》半島のアワビはブランド化に成功しており高い希少価値を持っている。公表されていないが、港町を歩いてそこかしこに停まっている車をみれば「稼ぐ力」の高さは想像がつくし、後継者難も起きていない。しかし、そのために重茂漁協を中心に地域全体でさまざまな工夫を戦略的に行っている。高い戦略性と実行力の勝利である。

北海道猿払《さるふつ》村のホタテも有名だ。村全体で助け合い、平等性を維持して過当競争による値下げを防ぎ、ブランディングに成功したケースである。漁獲量が多いときで、40歳代で年収3000万円、20歳代で2000万円を稼げることもあるそうだ。

日本の漁業従事者の獲る技術は一流で、魚を見立てる能力も高い。養殖技術も世界一級で、近畿大学が世界で初めて成功したマグロの卵からの一貫養殖は有名だし、タイの養殖などは天然物を上回る品質を実現している。従事者が減る中で、ここでも量から質への転換、漁獲量の管理も資源保護重視型への転換、獲るだけでなく育てる漁業など、いろいろな新しい取り組みが模索されている。働き手が減っていくことを逆手にとって、若い世代による「現場従事者が稼げる漁業、稼げる水産業」への新しい取り組みが期待される。

食はプレミアムの取れる領域のため、特にインバウンド観光とのコラボに大きな可能性がある。日本の食材は外国人にとって魅力的なので、リピートで日本に来る人の動機づけは、おそらく食だろう。

味覚の問題などすべて含め、繊細なこと、手の込んだことを安定して提供できるのが、日本社会が持つ根源的競争力なのだ。

日本人が日常的に食している至るところにある飲食店は、画期的なレベルと言えるほど水準が高い。町にある何の変哲もない食堂でも、海外に出店すればきわめて高水準の味が出せる。今のところ、異常に安くて異常においしいのが日本食である。ここで付加価値労働生産性を上げることができれば、活路は見出せる。

農地政策が抱える矛盾は人口減少でさらに深まる

付加価値労働生産性に関連して、農地の集約化についても考えなければならない。ここまでは主として生産性の分子である付加価値の議論をしてきたが、人手不足社会においては、すなわち少ない労働時間、労働者で物的生産性を上げる分母の議論も重要である。ここで戦後の小規模自作農主義でやってきたために農家当たりの耕作面積が小さかった農地の問題がよく議論される。

このとき、物理的な集約化も必要だが、経営的な集約化も重要だ。おそらく長期的には後者のほうがより重要になるだろう。

今、少しずつ集約化が起きているが、経営能力のある農家がより多くの農地を経営したほうが間違いなく効率が上がる。現状、耕作放棄地が増えてきている。そこで農水省も農地の集約化を進める方向に転換して、農地バンク（２０１４年農地中間管理事業法）を設立して農地の取引と集約化を促す努力を始めている。力のある経営者がジワジワと農地の集約化を図り、まとまった農地で機械を活用して効率的な農作業を行うことに加え、ロボティクスやデジタル技術などのテクノロジーを駆使して生産性を上げる方向に進んでほしい。それには物理的な集約化だけでなく、多少、場所が離れていても、優秀な経営者のもとに農地を集約することが重要だ。

同時に、かなりの過疎地にある農地の多くは、維持をあきらめたほうがいい。居住地と農地を行き来するだけで時間がかかるうえ、その時間を節約しようと農地の近くに住めば、過疎地問題が継続する。それを支える道路や電気などのインフラ管理が難しくなっていることは既述の通りだ。水利管理の問題で農住近接の重要性を説く議論もあるが、今どきデジタル技術での遠隔管理は難しくなく、水害時は水源に近い場所は危険だし、心配になって見回りに行くことで多くの犠牲を生んでいる。また中核都市居住地からのアクセスがいい場所なら通いで行けばいい。今どき車で30分も走ればかなりの地域をカバーできる。

しかし、これらのどれにも該当しない僻地《へきち》にある農地は、生産性が低く食料自給にも寄与しないので、世代が代わり後継者がいなくなった時点で静かに農地をたたんでいくことが望まれる。長期にわたる人口減少が決定的で、それが元の水準に戻る可能性も極めて低い中、我々が求められているのは、国土の全体としての強靭度を高めつつ農地を含めて居住地を穏やかに戦略的に集約化していくこと、「スマートシュリンク」なのである。

生態系論的に里山の重要性を説く議論もあるが、やりようを高度化することで農業が経済的に成り立つ地域を増やし、その周辺の里山を守っていくのはわかるが、里山を守るために無理やり税金漬けにするという話は本末転倒である。里山、特に過疎地の里山の多くは人口が現在の4分の1もいなかった200年前に遡れば、そこは自然林や草原だったはずで、生態系論的には自然林に近い形にどう戻すかという、緑の公共事業を考えるほうが長期的に持続可能だと思う。

そもそも農地規制は、基本的に人口が増えて市街化が進み、農地を市街地転用することを前提として、農地を守るために制約を課すという仕組みだった。だが、人口が減るこれからの社会では、そのようなことは起こらない。例外は、半導体工場が進出した熊本ぐらいだ。これから日本中で起きることは耕作放棄地の増加に加え、住居放棄地、商業放棄地の増加なのである。だから発想を180度転換し、頭を柔らかくして考えるべきだ。

シン「食」産業の創造的再構築――「株式会社性悪説」から決別せよ

戦後の高度成長期、第一次産業は、工業化した地域のバッファ（緩衝《かんしょう》）だった。典型的なのが、景気のよし悪しによって調整弁となる「出稼ぎ」である。

高度成長期の農村は、いわゆる「三ちゃん農業」と呼ばれていた。一家の「父ちゃん」が太平洋ベルト地帯の季節工として出稼ぎに出て、実質的な農業の担い手が「母ちゃん」「じいちゃん」「ばあちゃん」の「三ちゃん」になるという意味である。

何度もお話ししているように、バッファ産業は低生産性を所与としているので、生産性を上げる議論はあまり歓迎されない。当時の農村の生産性が高ければ、「父ちゃん」が出稼ぎに出る理由がなくなる。すると、工場では季節工の数が不足して生産量が確保できなくなっていただろう。1964年の東京オリンピック向けの突貫工事も難しかっただろう。逆に景気の悪いときは、季節工は帰農する。農家の利点は何と言っても文字通り「食べ物」があるので、現金収入が一時期減っても当座食うには困らない。まさにバッファだったのだ。日本経済は昔から「非正規雇用」バッファを持っていたのである。

失われた30年の間も、農村からサービス産業に舞台は移ったが、ここでは文字通り「非正規雇用」がバッファとなった。しかもデフレ不況と、団塊世代や団塊ジュニアのふたこぶラクダが生産労働者世代であり、人手余りが重なったバブル崩壊から2010年代半ばまでは、非正規雇用が雇用の受け皿として増え続けたのである。

しかし、何度も言うように明らかに状況は変わった。これからは農林水産業を含めて付加価値労働生産性の向上（高付加価値化と省力化・省人化）を追求しても、困るセクターはどこにもない。むしろ、高付加価値を追求しないと供給が増えない。今後は、付加価値の厚みによって労働力が集まり、それによって供給力が決まる。

要は農業・水産業をストレートに産業、ビジネスとして捉えて、稼ぐ力を最大化することを最大の政策課題、経営課題として、官も民も直線的に走り出すべきときが来ているのだ。その産業に関わるいろいろな問題、食料自給率や食糧安保も、従事者不足・後継者不足問題も、中山間部の環境保全も、まずは「食」産業として稼ぐ力を高め、付加価値労働生産性を高めて、少ない人数でも十分な生産と収入を得られるビジネスに産業的トランスフォーメーションしていくことによってはじめて解決への道が拓かれる。税金はそれを促すため、あるいはそれでも市場の失敗で補わなければならない公共財及び公共財機能の補完に投入すべきなのだ。

加えて、農業、水産業、食品加工業、観光業、飲食業と縦割り横割りの産業定義やその規制体系もより広く「食」産業とみなして境界線を取り去り、新しい業態、稼げる「食」ビジネスモデルを創造する自由度、イノベーションの自由度を上げる必要もある。シン「食」産業を目指して。

こうした産業化を議論するときに、どうしても避けられないのが、株式会社的な仕組みのフル活用である。優秀な経営者への農地の集約の重要性はお話しした通りだが、経営規模を拡大し、より多くの資金、人材、資産を抱えて長期持続的に経営するうえで、株式会社、すなわち営利的な資本集約型の有限責任法人はとてもよくできた仕組みである。

どんな優秀な経営者も人間である以上、老いるし生命は有限だが、法人にはその心配はない。資金を集めるにも利益が出たら一定程度分配できるほうが集めやすく、リスクのある事業に投資する、経営する、従事することでより豊かになりたい人たちを糾合するには有限責任営利法人組織は極めて有効なのだ。利益を再投資原資、再編買収原資として（家計と混合せずに）分別管理して内部留保するにも便利な仕組みである。株式会社は「産業化」を志向するときには実によく機能する、人類史上、最大級の発明なのである。

株式会社については、それが営利を目的とする点で公益性と相いれない仕組みと決めつける議論がこの国ではいまだに強固であり、次に述べる医療分野と同じく農業領域でもいまだにそういう空気や規制が存在する。しかし、大事なのは、いかに当該法人システムが持っている特長を活かし、潜在的な問題点を最小化するか、という知恵のほうである。交通事故と不可分な自動車がそうであるように、人間が発明したあらゆる道具には利点とリスクがある。今後の「食」関連産業のトランスフォーメーションを考えたとき、より多くの人材、「若者、よそ者、馬鹿者」を引き付け、より多くの資金を集め、持続的に付加価値労働生産性を高める動機づけを持った組織経営をするためには、株式会社以上に優れた組織形態は存在しない。

すでに公共交通にしても、電力供給にしても、通信にしても、多くのライフラインサービス、エッセンシャルサービスが民間の株式会社によって担われている。よく「我々のやっている仕事は特殊だから」という話を聞くが、私の経験上、自動車産業でも、半導体産業でも、航空産業でも、公共交通でも、電力産業でも、皆、同じことを言う。そして結論としては、どの産業もそれぞれ特殊だが、経済的事業体としての本質は同じで、付加価値労働生産性の向上が競争上、産業存立上の基本条件となっている点は皆同じである。

「株式会社性悪説」は、既得権者が自らの利権を無為無策で守るための神話的な便法に近い。実際、食関連のイノベーターのほとんどすべてが、世代変わりした革命的な新世代経営者、あるいは新規参入してきた若者であり、要は「若者、よそ者、馬鹿者」が株式会社制度を使って実現している。農地保有規制（現状、株式会社はレンタルしかできない）も含めて、株式会社という仕組みをフルに活用できる制度改革を急ぐべきである。

医療・社会福祉部門——ここでも付加価値労働生産性が決定的な課題に

地方の医師、社会福祉法人の介護士が足りない。これはさまざまなところで警鐘が鳴らされている。医療提供体制が需要に追い付かず、病気の人を治せない。介護士が不足しているせいで高齢者の介護が満足にできなくなる。これは人口増加中の東京だけではなく、人口減少中の地方でも深刻な問題になっている。医師の分布にはもともと西高東低の傾向があり、東北地方では慢性的な医師不足である。特に地方部は高齢者比率も高く、危機的な状況が続いている。

加えて、看護師や介護士も人手不足が深刻になる一方だ。労働需給のひっ迫でいろいろな職種で求人が増え、賃金もじわじわ上がる中で人集めが難しくなっている。

医療・社会福祉部門は、少子高齢化による生産労働人口の先行的、相対的な減少がもっともダイレクトに影響していて、先のリクルートワークスのシミュレーションでも明らかなように、このセクターの持続可能性には完全に赤信号が灯っている。これは人間の生き死に、根源的なＱＯＬ（生活の質）に直結するまさにエッセンシャルな問題であり、放置すれば大きな社会不安、多くの悲劇を招くことになる。

そうならないためにどうすればいいか。ここでも付加価値労働生産性を上げ、ブラックではない働き方でしかるべき所得を得られる産業にできなければ、人手不足時代の問題解決にはならない。命に関わる大事な仕事だから頑張れと「やりがい搾取」モデルで引っ張ってもマクロ的な労働力の需給ギャップは埋まらない。

外国人に門戸を開くにしても、農業と同じく、いや農業以上にこれをチープレーバーで行うことはいろいろな意味で危険な選択である。来てもらうにしてもしかるべき技能要件をクリアしてもらい、フェアな処遇で長期持続的に働いてもらうことが必須である。

国も高齢化が進行する中で地域医療体制の厳しさが増していくことに対応すべく、2014年に団塊の世代が後期高齢者になる2025年をターゲットに「地域医療構想」を策定して、より少ない労働人口でより効率的に医療を供給できる体制を目指した。

現在、ターゲット年を目前に、次のステージに向けて今までのレビューと見直しの議論が始まっており、私も全世代社会保障会議のメンバーとして関わっている。結論として、少子高齢化のスピードがさらに上がって労働需給は予想を超えてひっ迫する一方で、病床のバランスを急性期から高齢化によって需要が増す回復期、慢性期にシフトするペースは構想通りには進んでいない。途中でコロナ禍に襲われたこともあるが、稼働率が安定せず経営的にも難しい急性期病床数が多い状態が続き、供給側、需要側ともにミスマッチな状況が続いている。

また、医療サービス供給のミスマッチを減らすべく導入されてきた「かかりつけ医」制度も、もともとの医学教育の仕組みや既存の開業医のビジネスモデル、街中のクリニックのありようとのギャップが大きすぎてうまく進んでいない。結果的に患者が間違った診療科に行ってしまい、ドクターショッピングが起きるという、医者と患者の双方にとって不幸な状況が解消されない。私は「かかりつけ医」が期待されている総合診療機能については、AIが今のペースで進化したら早晩、大半の医師の能力を凌駕すると思われるので、制度を無理にいじり回すより、テクノロジーイノベーションの活用とベンチャー企業の自由度を増すほうがより迅速な問題解決をもたらすと考えている。

要は国による計画経済的なアプローチだけでは、限界があるという状況である。

国民皆保険を前提にすると、「官製市場」という性格は残さざるを得ないが、問題は、その官製価格の設計が、供給者をして付加価値労働生産性を上げることをエンカレッジしているか否か、需要者をして医学的に自らの健康にとって合理的な選択を誘引する設計になっているか否かの検証を行うことであり、もし問題があれば改善を続けることである。これは関係する審議会が舞台となるが、ここでEBPMを徹底し、労働市場に開かれている「職業選択の自由」がある医療・社会福祉従事者の数を維持できる処遇をリアルに前提としなければならない。

それともう一点、計画経済的なアプローチを乗り越えるうえでより重要なことは、経営力の向上である。

同じ「官製価格」を前提にしても、生産性が高い病院とそうでないところのバラツキが大きいのも医療・社会福祉業界の現実である。さまざまな要因があるが、結局のところ、経営者の質、経営体としての組織能力の差に帰着する。ここでも収益管理、稼働率管理などの経営の基本的な要素とデジタル技術などの生産性向上ツールを使いこなし、人材経営もしっかり行って、従事者の生産性向上をエンカレッジすることをきめ細かくやっているか否かの差は極めて大きい。そしてここでも優れた経営者、経営体は希少であり、そういう経営者、経営体のもとに業務と人材が収れんしていくことが望ましい。

実際、じわじわと実質的な買収や再編が進んでいるが、医療の質を担保することを大前提にこういう流れが強まることを期待する。今どき医療の質を落として患者の健康や生命を危機にさらすようなブラックなビジネスモデルは、ネットの口コミなどで早晩叩かれる。やはり人手不足社会で事故リスク、訴訟リスクの大きい職場は忌避されるので持続性はない。高い付加価値労働生産性は医療サービスの質と両立してはじめて持続的に成り立つ。これは私たちが経営する地域公共交通サービスと本質的に同様である。

株式会社的な仕組みを公共財領域で機能させる工夫

付加価値労働生産性の向上とは稼ぐ力を高めることであり、すなわち産業化を目指すことであり、それがエッセンシャルな公共財としての医療・社会福祉サービスを維持する必要条件になっている。そうなると、ここでも経営の高度化、再編、イノベーションを促進するために株式会社的なるものの活用の問題にぶつかる。現状、病院や医療法人の株式会社化は難しい。病院経営者は医者でなければいけないなどとなっており、株式会社の特性である、資本集約的な有限責任法人で、取締役会が選任したプロの経営者が経営するモデル、株式の譲渡によってスムーズに経営支配権を移動できる仕組みは使えない建前になっている。

いろいろな抜け道はあるので、実質的に株式会社的に経営している病院やクリニックはあるし、病院のM&Aのようなことも行われているが、建前と実態が遊離していくことは政策的に必ずしも好ましいことではない。

こうした規制は農業と同様に「株式会社は悪」という前提でき上がっている。たしかに、過剰供給の状態で株式会社を入れると、問題は起こる。過剰供給の状態で利潤を得ようとすると、サービスの質を落として搾取型にならざるを得ないからだ。経営者は利益創出を旨とするから、その問題は起こりやすい。そしていわゆるクリームスキミング（利潤の多い部分のみに参入すること）、儲かることだけをやってしまい公共財としての機能が阻害される。過去、医師ではない人物が経営している病院で利潤追求に走って痛ましい事件が起きたのも事実である。

ただ、これからは過少供給の状態が続く。だから、その懸念はほとんどない。この状況では、生産性を上げて働き手に高い賃金を払えないと、事業が成り立たない。いい加減なサービスを提供すれば前述の通りネットの世界などで徹底的に叩かれる。従来のような情報の非対称性を使った「ぼったくり」商売は、医療・社会福祉の世界でも成り立たない時代になりつつある。

医療にしても介護にしても、これまでは従業員に対して雇い主が強かった。利用者に対しても供給側が強かった。しかし、これからは雇い主のほうが弱い立場になる。サービス供給側のほうが利用者よりも弱くなっていく。株式会社が入ってきても、それほど弊害は生まれない。その前提に立てば、むしろ株式会社形態のほうが集約化はしやすい。事業再編もしやすくなる。

スタートアップの世界でも医療・社会福祉領域での企業は増えていて、経営面、テクノロジー面でトップクラスの若手人材がこの領域に次々に飛び込んでいる。その中には医師資格を持つ人材も少なくない。イノベーションに挑戦するための資金集め、人材集めに株式会社という仕組みが有用なのはここでも同じだ。具体的な制度設計は今後の議論だが、ここでも「株式会社性悪説」は捨てて、この制度のメリットと課題を冷静に分析、理解してうまく使い倒すことが重要である。

この脈絡で、供給制約時代に医療のような公共財領域で株式会社的な生産性向上を追求する最大のリスクは、存続のために採算の悪い拠点や訪問サービスが集約化されることによって医療提供のネットワークが縮小されることだ。しかし、それは従来の医療法人であろうが、開業医であろうが、株式会社であろうが、経済的に厳しくなれば、いずれ同じ問題に行き当たる。

これに対応するには、最終的には前にも触れた「コンパクト&ネットワーク」で多極集住を進めることと、その過程でどうしてもナショナルミニマムを維持するうえでやむを得ない過疎地域の医療には正々堂々と国が介入して公費を投入する、医師の配置について一定の命令権を持つ（医師の養成には国公立大学だけでなく私立にも私学助成という税金がつぎ込まれている）ようにして補うしかない。

公費を使う場合も、単なる赤字補塡《ほてん》ではなく、高い経営レベルの医療経営体に、運営委託方式、コンセッション（公共施設運営権の委託）的な方式で生産性向上のインセンティブも組み込んで地域医療を任せる手もある。大事なことは付加価値労働生産性を高めて従事者を確保し、少ない労働力と限られた財源で最大の医療・社会福祉サービスを提供することなのである。

人口動態的に確実にやってくる未来において、この領域はもっとも深刻に労働供給制約に直面する業界であり、付加価値労働生産性の向上が真剣に求められている業界なのである。労働時間が長く賃金の安い産業、企業、病院から人は去っていく。そうならないように労働生産性を上げるためにも、医療・介護にもDXは必須だ。

オンライン診療を導入し、AIを駆使し、高度な経営ができる経営体への再編・集約化も進め、大都会エリアに対する不利な条件を克服しないと、医師も看護師も介護士も、ますますローカルで働いてくれなくなるだろう。裏返して言えば、それが現状できていない分、伸びしろがあり、ビジネスチャンスでもある。政府も医療関係者も企業もそこに最大限ベットすべきである。

ローカル経済の現状分析――新陳代謝は著しく停滞

グローバル企業のホワイトカラーからローカル企業のエッセンシャルワーカー、ノンデスクワーカーへのシフトを進めなければ、グローバル企業の人余りとローカル企業の人手不足を整合的に解決することはできない。

ところが、労働移動が達成されても、移った先のローカル産業の付加価値労働生産性が低いままでは、いつまで経っても問題は解決しない。移りやすくするためにも、ローカル経済の付加価値労働生産性を上げておかないと、辻褄《つじつま》が合わなくなる。そこで、改めてローカル経済の現状をひと通り分析してみたい。

付加価値労働生産性を上げるための方法として重要なのが、企業の新陳代謝である。人間を含む生物の成長力がその新陳代謝力と比例するのと同様に、経済の成長力も新陳代謝なしには難しい。

スティーブ・ジョブズはスタンフォード大学卒業式のスピーチで、その数年前にすい臓がんを患って死を意識した話の脈絡で、生物界であれ産業界であれエコシステムにおける死の有用性を説くと同時に、誰もそのために自分が死にたいとも思わないとも語っている。

新旧交代は、既存企業にとっては退出というネガティブな結果をもたらすので情緒論的には避けたい事態だ。だから、すべての企業が等しく自己革新を行って生産性を高めるべき、という議論が政治的には受けがよくなるが、古今東西の現実として、成長力を失った古い企業、古い産業の衰退と新しい企業と新しい産業の台頭は、同じコインの表裏のように必須の組み合わせなのである。我が国の古典文学、平家物語が語る通り「盛者必衰の理《ことわり》」なのだ。

この点、残念ながら中堅・中小企業の新陳代謝は決して進んでいるとは言えない。

独立行政法人労働政策研究・研修機構のデータによれば、2014年の倒産発生率は0・36％だった。それ以後は、一貫して低下傾向にあり、2021年には0・21％まで下落した。ポストコロナで人手不足倒産が増えて多少は増加したものの、これだけ倒産発生率が低いということは、新陳代謝はむしろ停滞していることを示している。

これには、前章ですでに述べたこととも重なるが、やむを得ない理由もある。

2008年のリーマンショックのとき、言わば外因的な経済危機に対して、我々は1社たりとも潰さないという強い決意のもと、さまざまな「安全装置」をつくってしまった。さらに、その後起こった2011年の東日本大震災、2020年のコロナショックと、日本企業にとって厳しい状況が続いた。いずれも経済外的な破壊的イベントだったがゆえに、政策的には二重三重に企業を倒産させないようにする仕組みを構築せざるを得なかったのである。

私は『なぜローカル経済から日本は甦るのか』で、2012年から団塊の世代の大量退職が始まり、人手不足は落ち着くから、中小企業を倒産させないために補助金で守る政策を切り替えたほうがいいと提言した。

だが、政治の現実としてはなかなか切り替えられなかった。世論的にも、長く続いたデフレと人手余り、非正規のワーキングプア化などの状況で、規模の大中小を問わず企業を守り、正規雇用を守ることへの強い傾倒が残っていた。

アベノミクスも方向性としては間違っていなかったし、短中期的なマクロ経済運営（「第一の矢」金融緩和と「第二の矢」財政出動）については相応の効果を上げていたが、生産性向上に本質的に関わる「第三の矢」、すなわち構造改革による成長戦略については効果が出るまでタイムラグがある中でコロナ禍が起きてしまった。

しかも、政権としての政策的優先順位として長年先送りされてきた安全保障関連に重点を置いたこと、そして長時間労働に関わる不幸な事件の発生や世論的に構造改革アレルギー的なものが残っていたため、大企業の統治改革は大いに進展したが、中小企業政策や労働市場政策など、より多くの国民の生活が関わる領域では大きく方向転換することが難しかったように思う。

しかし、ここに来て政治的にも躊躇する理由はなくなった。なぜなら今や低生産性企業を守り従来の仕組みを放置すると、むしろ実質賃金は低下し人々の生活は貧しくなることがリアルに明らかになりつつあるからだ。

グローバルなローカル産業こそがこれからの基幹産業

安倍政権の成長戦略的な成果として、企業統治改革と並んで私が評価するのはインバウンド観光に関する政策だ。

観光業、ツーリズム産業は今や世界最大規模の巨大成長産業であることに加え、我が国に固有の文化、エンタメ、自然、食の優位性を発揮する「唯一無二」性、すなわち持続的な競争力を持ちうる産業である。なんと言っても本性として地域密着型産業なのでローカル産業の成長と高付加価値化に大きく貢献できる。

また、インバウンドの増加は資源に乏しい我が国の国際経常収支を支えるという意味でも大きな意味を持っている。すでに規模において自動車産業と並ぶ500万人以上が従事する大産業となっており、このような産業成長性と競争基盤の強固さ、そして国際収支への貢献力からみて、我が国の基幹産業中の基幹産業なのである。

以前から国内の人口減少が需要制約要因となることが懸念されていた中で、インバウンドを軸に成長戦略を展開して成果を上げたことは極めて高く評価されるべきである。海外の富裕層にとって日本は魅力的な観光コンテンツにあふれており、その意味でもこれから重要となる付加価値労働生産性の向上とも整合する。その点、続く菅政権、岸田政権とこの政策が受け継がれ、ここにきてインバウンドの目標を人数から単価に置き換えたのも、まさに正しい。

この政策と同期することが期待された東京2020五輪は残念ながらコロナ禍で無観客となってしまったが、それを物ともせず、コロナ明けには猛烈なインバウンドブームとなりすでにコロナ前を上回る水準になっているのは、我が国のツーリズム産業のポテンシャルの高さを証明している。数が増えすぎて一部の地域ではオーバーツーリズムが問題になっているが、全体として日本の観光産業政策はうまくいっている。

なんとなくＡＩの時代だ、ＧＸ（グリーントランスフォーメーション）の時代だと言われると、またぞろかつての大型製造業に代わるハイテク・グローバル産業に期待する人たちが少なくないが、確実に日本の未来を担う大型基幹産業は、世界から稼げるローカル産業、すなわちグローカル産業たる観光ツーリズム産業なのだ。

今後の課題は、今まで雇用の受け皿産業的な低賃金だった状況をいかに脱却するか、である。減っていく労働力で、いかに観光産業で稼ぐか？

答えは一つ、ここでも付加価値労働生産性の向上であり、第一の鍵は分子の単価上げと、分母の省人化である。

一方で富裕層に手をかけて高付加価値なサービスやアクティビティを提供し、その分しっかり高い単価を取ること。他方でデジタル技術やロボティクスあるいは多能工化によって限られた人数で必要なオペレーションをこなすこと。そしてネットやＡＩなどを駆使して効果的なマーケティング、イールドコントロール、ダイナミックプライシングを展開することである。要は経営の高度化である。

となると、次の段階は、ここでも新陳代謝しかない。

中小企業の賃金問題、価格転嫁論だけに逃げるな

最近は、下請けの側から元請けの悪事が暴かれるようになった。これまでは、仕事をもらうために我慢していた下請けがなぜ悪事を訴えるようになったのか。それは、価格や条件を上げてもらえなければ、もはや下請けの事業が成り立たないからだ。我慢して存亡の危機に立つより、元請けを訴えて条件を改善するほうを選ぶようになったのだ。

一部の業界では相変わらず大企業の購買と中小企業の営業の間で、無理なコスト削減、安売りという旧態依然とした均衡状態で仕事が行われている。しかし、この均衡はどんどん崩れつつある。不整合が起こるのは、そのマインドセットに問題があるからだ。それに早く気づかないと、企業はどちらも生き残ることができない。

最近、こうした状況も追い風になって中小企業の生産性と賃上げに関して、下請けの元請けに対する価格転嫁の議論が盛んだ。これ自体はどんどん進めればいいし、それで中小企業の労働生産性の分子が大きくなることはいいことだ。ただし、今の中堅・中小企業の圧倒的多数は大手製造業のサプライチェーンの下請けに組み込まれていない、観光業や飲食業をはじめとするサービス産業である。製造業の対GDP比率は25％前後に過ぎず、雇用に至っては2割程度まで減少しているのである。

公正な価格転嫁論は正論であり、正論は正論で結構だが、私にはこの正論を政労使で声

高に叫ぶことで、厳しいがより本質的な新陳代謝論から逃げているようにも聞こえる。価格転嫁と同時に、いやそれ以上に既存の中堅・中小企業の淘汰再編とローカル産業における新規参入、起業は重要であり、それを促す諸政策、諸制度の整備は急務なのである。

ローカルとグローバルに序列はない

さはさりながら、企業のM&Aの件数は年々増加している。案件を仲介するM&Aアドバイザーの業績も右肩上がりで伸びている。少なくとも、新陳代謝としてのM&Aが成り立っているのは、事業に成功して資金的な余裕があり、成長意欲のある企業がローカル経済の中堅・中小企業産業に目を向けているということだ。

買い手側は、とくに若い経営者ほどローカル産業に対する抵抗感がない。事業に魅力があれば淡々と買収し、買収後のPMI（統合プロセス）もしっかりやっている。

要は環境変化によって現実のほうが先行的に変わっているのだ。

有言実行。私自身もローカル経済の潜在力の高さに着目して、IGPIグループの仲間とともに地域企業への投資・買収・経営を業とする日本共創プラットフォーム（JP-iX）をコロナ禍のど真ん中、2020年に立ち上げたが、驚くほど多くの企業が私たちの経営参画を求めてくれており、とくに多いのは事業承継案件である。

背景にあるのはインフレと人手不足の時代がやってきたことによる根本的な経営環境の大転換である。賢明な経営者たちは、劇的な環境変化の中で大きくマインドセットを変えつつあるのだ。むしろ遅れているのは東京で労働政策や賃上げの議論をしている政労使のインテリの人たちかもしれない。

また、私たちと一緒にローカル経済圏の活性化に取り組みたいと参画してくれる若者も、元戦略コンサルタント、元投資銀行、元商社、元グローバル製造業など、いわゆるグローバル人材が少なくない。

彼らはグローバル競争に敗れ疲れて我々にジョインしたわけではなく、むしろもっと野心的にリアルに経営の仕事をしたい、世のため人のために役に立っている実感のある仕事をしたいと弊社にやってくる。実際、地域の観光業のために世界を飛び回っている人材、地方ブランドの国際化のために米国に常駐している人材、中国の生産拠点に張り付いている人材など、グローバルか？　ローカルか？　といった時代遅れの感覚に縛られない、グローカル感覚で活躍してくれている。

他方で、日本の上の世代（おそらくマスコミも）は、まだ次のような価値観が根強い。

「グローバル産業一流、ローカル産業二流」

「大企業一流、中小企業二流」

ヨーロッパには、きわめて優良な中小企業が数多くある。そういう企業に高学歴、高収入の人材が集まる。しかし、日本の高年齢層には、昔の価値観、昭和の世界観を引きずる人が多い。学校の先生や親世代のこの感覚によって、今や歪んだ形で若い世代が東京の大学へ、東京の大企業を目指すバイアスを生むが、そこにあったはずのホワイトカラー指定席はどんどん減少している。グローバル競争は完全に多国籍の常設オリンピック化しつつあり、成功できる人材はほんの一握りになっているなかで、多くの若者は早晩、否応なしに挫折を味わうだろう。

昭和の日本企業における国際化の頃とはまったく世界は変わったのである。日本の工業製品にモノを言わせられた時代、人口豊富な新興国の教育水準が低かった時代に数多く活躍できた高齢者世代、おじさん世代の日本人のほとんどは、現代のグローバル環境では通用しない。これはスポーツ、例えばまったくグローバル化したサッカーやバスケット、ゴルフ、テニスも同様だ。だから今どきのオリンピック金メダリストはすごいのである。

パリ五輪でも多くの日本の若者が大活躍したか、彼らに昭和の国家を背負った的な悲壮感はなく、さりとて地元の友人、家族、チームの仲間とフラットに強い絆を持っているし、厳しい競争を勝ち抜いて国の代表として出場することに誇りも持っている。その一方で若い頃からいつも世界で戦っている海外のツアー仲間との友情も育んでいて、試合場でもにこやかに談笑し、お互いの健闘をたたえ合っている。そこにローカルとグローバルを上下に見る感覚はない。実にフラットである。

このようにどの分野でも最近の若い人は、ローカル産業とグローバル産業を上下で見なくなっている。社会的課題を解決したいと考える若い人が多くなったが、それは地域のリアルに対し真剣に高解像度で目を向けているからだろう。グローバルと言ってもそれは各国各地域のローカルの集合体に過ぎないからだ。

その課題解決を突き詰めて横展開すれば、結果としてグローバル産業になっていく。この発想は、高年齢層にはほとんどない。企業としてのスタートをローカル産業の課題解決に見定める若い人は、本当に賢い。

基本的に、現代の若い人たちの間には、グローバルとローカルの差別はない。インターネット空間が生まれたときから当たり前であり、ずっとボーダレスの世界で育ってきた。この空間では、グローバルとローカルはフラットであり、上下関係ではとらえない。

現に、先ほどの弊社の若手のようにグローバル産業の権化のようなコンサルティングファームで経験を積んだ人が、突然、ローカル産業の中小企業の経営者に転身する例は増えている。あるいは、ローカル産業の家業を継いで成功させる。この有名な成功例が星野リゾートの星野《ほしの》佳路《よしはる》氏だ。アメリカ屈指の名門校コーネル大学の大学院を出た星野氏は、家業の星野旅館を継ぎ、今では全国展開する星野リゾートとして事業を拡大させた。

あとで触れるが、立ち上げ当初からIGPIグループで応援し、私も理事を務めるベンチャーフォージャパン（VFJ）という取り組みがある。新卒、第二新卒の有為《ゆうい》な若者を地域の中小企業の経営者の右腕として送り込み、その経営の一翼を担いながら将来の経営人材、起業家人材として鍛えるプログラムなのだが、これもじわじわと大きなムーブメントになりつつある。

グローバルとローカルという従来のヒエラルキーに縛られない若者が増えてきているのは間違いない。これは、ローカル経済の復活にとってよい兆しだ。

第3章 エッセンシャルワーカーを「アドバンスト」にする

エッセンシャルワーカーをアドバンスト・エッセンシャルワーカーに

ローカル産業における中堅・中小企業の付加価値労働生産性を上げ、ホワイトカラーをエッセンシャルワーカーに労働移動させて人手不足を解消するには、エッセンシャルワーカーを「アドバンスト・エッセンシャルワーカー」に格上げする必要がある。前にも医師やパイロットの例を挙げたが、アドバンストとは「高度化した」「進化した」という意味合いである。これは日経新聞社主催のリスキリングアワードの審査委員会でご一緒した、法政大学大学院教授の山田久さんから教わった言葉だが、実に本質をついている。

今まで高生産性、高賃金とされていたホワイトカラーからのジョブシフトをスムーズに進めるためにも、エッセンシャルワーカー、ローカル産業のノンデスクワーカーがアドバンストになり、生産性と賃金が高くなる必要がある。この変化を実現することが、これからの日本の労働市場における最大のテーマだ。

繰り返すが、これまでのローカル企業とそこにある仕事は、雇用の受け皿にするために付加価値労働生産性が低くてもあまり問題がなかった。そのほうが労働需要は増え、頭数的により多くの雇用を吸収できるからだ。だが、もう雇用を吸収する役割は終わった。これからは、どれだけ高賃金体質に変えられるか、どれだけホワイトな職場にできるかが勝負になる。

もう一度確認するが、付加価値労働生産性は、労働時間（量）分の粗利で計算できる。分母の労働時間（量）が少ないほうが高くなるのは自明だ。分子の粗利を大きくするのはモノやサービスの値段を上げることなので、少ない時間でより高い付加価値を提供するには、質の高い働き手、したがって高賃金の労働者が必要になる。この循環がうまく回れば、付加価値労働生産性は上がり続ける。

日本経済を構成する要素のうち、資本は足りていないわけでない。今、圧倒的に足りないのは労働力、人的資源である。つまり、人的資源の生産性が経済成長を規定する社会になるので、社会の持続性という意味でも、賃金の持続的上昇という意味でも、経済成長という意味でも、あらゆる観点から見て必要な政策は、付加価値労働生産性の向上に尽きる。失業問題を考えなくてよくなったことで、政治家も経営者も労働組合も同じことを考えればいいというきわめてシンプルな時代に突入した。シンプルだからこそ、チャンスだとも言える。

しかしアドバンスト・エッセンシャルワーカーを新しい中産階級の中心にしていくには、教育体系にはじまり社会に出てからの能力開発に至るまで、教育、社会、経営、労働など、幅広い領域で我が国のあり方に関する大きなモデルチェンジ、すなわちソーシャルトランスフォーメーションが問われる。なぜなら明治以来、我が国の社会のありようにおいて、キャッチアップ型の工業化社会モデルで富国を目指すということを基本軸に教育も社会もデザインされていることは、太平洋戦争を挟んで変わっていないが、そこに本格的なメスを入れなければならないからだ。

すなわち富国型の教育においては全国民に均質な初等教育を施して基礎学力（要は「読み書きそろばん」）を底上げしていった。当初は主に中等教育が現場人材を、高等教育（大学）が幹部候補と育成の場が分かれていたが、高度成長期頃から大学進学率が高くなった。

そして高等教育の役割は、産業界へ優秀なサラリーマン候補を送り出すべく、日本型のカイシャ（終身雇用、年功制、ジェネラリスト、メンバーシップ雇用）の仕組みにフィットする白紙状態で試験勉強（あらかじめ存在する正解にたどり着く能力）のできる若者、できれば協調性や空気を読む能力が高い若者（体育会のキャプテンタイプが理想）を育むことになった。その頂点に東大法学部が君臨して、そこを目指していろいろな仕組みが形成されてきた。要は、潜在能力が高く、白地の学生が好まれたのである。日本の大学（特に文系）独特のうんちく教養教育の重視と技能教育蔑視の風潮、さらにはモラトリアム的に4年間遊んでいることを容認する雰囲気もこれとシンクロしている。

企業においては、あえて専門性や即戦力性は求めず、若い時代は一様に雑巾がけをして時間をかけて出世の階段を上がっていく。その過程で〇〇会社の課長能力、部長能力と企業固有のスキル、能力を蓄積していく。男子はそういう日本型ホワイトカラーサラリーマンとなることを、女子はしばらく働いてからそういうサラリーマンと結婚して寿退職することを目指して成長していく。これが目指すべき標準的な生き方であり、分厚い中間層のモデルであり、そうした人々で構成されるのが日本社会という構図だった。

この仕組みが戦前においては欧米列強に伍せるような急速な工業力の向上を可能とし、戦後においては奇跡的な復興と高度成長を可能にしたが、本書で繰り返し述べてきたように、この標準モデルは根底から崩れつつあり、元に戻ることはない。

そして次なる分厚い中間層を形成できる可能性のあるアドバンスト・エッセンシャルワーカーの世界は明らかに従来のホワイトカラーサラリーマン型のモデルとは違う。本質的に技能職的、プロフェッショナル的な世界であり、それゆえに雇用の流動性も高くなるし、技術進化が続く中でその技能、プロフェッショナリティも更新を続けなければならない。漫然と組織の中で目の前の仕事をこなしていてもアップデートはできない。今言われているジョブ型へのシフトは、従来はホワイトカラーの仕事とされていた領域でも同じような変化が起きていることに起因している。

問題は極めて構造的で、変化の幅も大きい。だから対症療法では問題は解決しないのである。

10年前は「全大学人の敵」だったが……

教育体系についていえば、私は初等中等教育に関しては我が国の仕組みは時代を超えて機能しており、また時代変化に応じた改良（例えば小学校へのプログラミング教育や英語の導入など）も行われているので大きな変更の必要性を感じていない。あえて言えば、ある分野に卓越した才能に恵まれたギフテッドな子どもをどう扱うか、について課題は残るが、これは全体の数%の話で、一般的な制度論で対応すべき話ではない。

問題は高等教育である。文部科学省もこの問題には気付いていて、10年ほど前に「専門職大学」という技能教育に特化した大学制度の設立に取り組んだ。私もそれを検討する委員会のメンバーとなり、以前からの自説、すなわち総合的な教養を教え、アカデミアであれ、ビジネスや政策であれ、グローバルリーダーの養成を展望するタイプの大学（G型大学）は日本全国で10校くらいあれば十分で、残りの大学は専門技能の教育を行って地域社会に貢献できる人材を養成する技能大学（L型大学）に転換すべきで、専門職大学というのは例外的に捉えるべきではない、と論じた。

文系でも高尚な経済学よりもまずは簿記会計を徹底的に叩き込め、英語ならシェークスピアの原語ではなくTOEFLやTOEICで高得点する方法を教えるべき、とやった。

これが見事に大炎上した。ネット上で「冨山何某は全大学人の敵」という有難いレッテルを貼られ、私はあっという間に大学業界の有名人になった。

理系は世界的にも評価の高い「高専」があるし、大学の教育も実務と大きな隔たりはないので、反発はそれほどでもなかったが、文系一般の反発は相当なものだった。しかし、聞いていて説得力のある反論はなく、要は「そんなことを言われても自分たちには実学教育の能力はない。あなたの言うような科目になったら自分は失業する」という怨嗟の声にしか聞こえなかった。

その後、どうなったかというと、少子化で学生集めに苦労している多くの普通大学がどんどん技能習得系の学科や資格取得に直結する学科を増やしていった。一つ格下と少なからずの大学人が見下していた高専の評価は国内外でうなぎ上りであり、最強の就職力を誇る世界のKOSENになっている。専門職大学でも中村伊知哉《なかむらいちや》氏が率いるiU大学のようにイノベーションと起業を専門職と捉える先進的な教育機関が誕生している。

私は大学業界から追放されるどころか、多くの大学から講演を頼まれ、顧問を依頼され、母校の東大でも継続的に大学経営のお手伝いをしながら今日に至っている。

案の定、世の中の変化という現実が先行し、それに引っ張られる形で高等教育を巡る状況についても大きなシーソーが倒れつつあるのだ。

結論をもう一度言おう。高等教育は一部の本気でグローバル競争に挑む人材を鍛え、輩出する少数の大学または学部と、圧倒的多数の人材を育む高等技能教育を行う大学に分かれていくべきである。漫然とホワイトカラー予備軍を大量生産する昭和な大学モデルには一刻も早く別れを告げるべきである。

ちなみに、最後に残る抵抗勢力が持ち出す議論が「教養」教育の重要性だ。そして慶應義塾の塾長だった小泉信三《こいずみしんぞう》氏が語ったとされる「すぐに役に立つものはすぐに役に立たなくなるが、すぐに役に立たないもののなかにずっと役に立つものがある」という言葉を持ち出す。

ところが、肝心の慶應義塾創立者である福沢諭吉翁自身は『学問のすゝめ』において、いつ役に立つか立たないかわからない漢文や有職故実《ゆうそくこじつ》の勉強などをやっていないで、直ちに実用に足る実学を学ぶべきだという趣旨のことを言っている。

客観的事実に即して言えば、『学問のすゝめ』で提示されている実学のほとんどは昔もすぐに役に立ち、今も役に立っている科目である。

すぐに役立つものでずっと役に立つものと、すぐに役に立たないがいつか役に立つものと、どちらの数が多いか、少し考えれば自明である。昔も今も役に立っているものの多くはずっと役に立つ。その逆、すぐに役に立たないものがいつか役に立つ確率は低い。たいていはいつまで経っても役に立たない。

小泉信三氏の言葉の後半は確かにそういうこともたまにはあると思うが、前半部分はまったくの間違い。こんなわかったようなセリフで若い人たちを惑わすのは罪だと思う。

教養の原義であるリベラルアーツについては後でまた詳しくふれるが、起源は古代ギリシャの人間を自由にするための技法、すなわちよりよく生きるための知の技法である。技法と言う以上、当然に実践的なものであり、物知り博士的な知識の話ではない。

今日の大学教育で言うリベラルアーツは、そこから時が下って英国の貴族階級、ノーブレスオブリージュで戦争があれば若くして死亡率の高い前線指揮官を務めることを義務付けられた若者に対して行うようになった全人格教育をベースとしている。だから大教室で教授のご高説、知識の切り売りを一方的に聴くというのはメインではなく、大量の読書を前提としたチュータリングによる少人数での議論や激しいスポーツなどを通じて心技体を鍛える教育である。日本の多くの教養系大学人が語っている教養教育≒リベラルアーツではない。この点、現代でもリーダー的な職責を担う人材にとってリベラルアーツは極めて重要だが、それは私を敵視している大学人の皆さんが言っている教養とはまったく違うものである。むしろ体験的事実で言えば、技能教育課程で医療介護の現場、震災復興の現場、まさにローカルの現場に飛び込んだほうがはるかにリベラルアーツは身につく。

ローカル経済圏で働く人々にとって高等教育機関は極めて重要

ローカル経済圏の企業の多くは企業規模が小さい。また技能職的な仕事が多いので、今でも流動性が高い。看護師、介護士、運転手などは、スキルが企業横断的なものなので転職が比較的容易であるし、実質的に採用も職能採用、今で言うジョブ型なので、いわゆる日本型終身年功的な労使慣行になっていないところが多い。企業規模の小ささ、スキルの普遍性、流動性の高さから個別企業が長期的視点で人材育成をすることが難しい。

となると、学校のような社会的共通インフラでアドバンストにスキルアップする仕組みが重要になる。従来、専門学校がこの機能を果たしていたが、それをさらに一段レベルアップし、技術革新やビジネスモデルのアップデートが進む中で生涯型のリカレント学習ができる高等教育機関が極めて重要になってくる。繰り返すが、すでに世の中の7割ほどの勤労者がこのような職場で働いているのだから、高等教育一般にこうした役割を果たすことが主流になっていい。職業大学モデルこそが学部段階、大学院段階の両方でメインストリームを占めるべきなのだ。

アカデミックスクール至上主義からプロフェッショナルスクール重視へ、G（グローバル）型大学至上主義からL（ローカル）型大学重視へ本格シフトする。そしてここでも両者を上下の序列で見ない、大学関係者のマインドセットの大転換が求められる。G型L型騒動のときにあった反発が「冨山何某は日本の大学の序列を固定化しようとしている」というものだった。当方は一言もGが上でLが下などと言っていないのだが、彼ら自身がそういう序列観、固定観念で凝り固まっていたのである。経営者教育の世界で頂点に立っていることになっているハーバードやスタンフォードのビジネススクールは正真正銘のプロフェッショナルスクールであり、この定義で言えば超一流のL型大学なのである。

欧米では日本のアカデミアにありがちな序列観はなく、ドイツなどの大陸欧州は学部段階から大学がアカデミアラインとプロフェッショナルラインに分かれているケースが多い。これから漫然とホワイトカラーというキャリアパスが衰退し、なんらかの技能職、プロフェッショナリティが求められる時代において、高等教育システムに関して明らかに日本のそれは劣位にある。

この差が顕著に出ているのが観光産業のプロフェッショナル教育である。先進国の多くが観光業をこれからの基幹産業に位置付けていて、ツーリズムに特化した大学、大学院が設立され、そこから多くの人材を輩出している。日本でも星野リゾートの星野佳路さんが卒業された米国のコーネル大学が有名だが、今や世界ランキングではスイスやフランスの観光ツーリズム学校が上位を占めている。米国ではセントラルフロリダ大学（ここでは私と同世代の原忠之氏が教えている）やネバダ大学（ラスベガスやリノに立地）がランキングをどんどん上げている。いずれも世界有数の観光地、リゾートを抱えている場所であることは一目瞭然である。こうした地域の観光産業の成長、高付加価値化は、これら「グローカル」なプロフェッショナル高等教育機関が担っているのだ。

彼の地のホテルなどのツーリズム関連企業の経営者はもちろん、地域単位で観光産業をけん引、経営するDMO（観光地域づくり法人）のトップもこうした機関で教育を受けた人材が多い。最近の数字だと、トップクラスの大学院の卒業生、概ね20代後半の初任給が15万ドルから20万ドルになっているそうだ。まさに超アドバンストな世界である。

ひるがえって我が国にはまだこの手の本格的な観光ツーリズム大学は存在しない。かろうじて観光学部をつくっている大学が和歌山大学をはじめ出てきているが、まだまだ「観光学」の域を出ておらず、本格的な観光産業、観光ビジネスのリーダー、経営者候補を鍛え上げるようなプロフェッショナルスクールの域には達していない。

日本でも欧米の成功から学ぼうとDMOが数多くつくられたが、その多くは従来の観光協会の域を出ておらず、その差はそれを担う経営人材の質の違い（他にもDMOの立てつけ、観光税などの財源の問題もある）にも起因している。これだけ世界クラスの観光資源に恵まれた日本に、世界クラスを目指すプロフェッショナルスクールをつくるべきことは論をまたない。そして、ここでも教えるべきは、観光産業を規律する基本経済性や産業構造とその変化動向であり、観光ビジネスの経営実務であり、グローバル水準の経営やオペレーションノウハウとスキルである。あくまでも実学であって、アカデミズムに閉じこもった「学問」ではない。

残念ながら医学部、歯学部、獣医学部、そして高専を除いてプロフェッショナルスクールの伝統のない我が国では、この手の「高等職業専門大学」をつくることが難しい。文科省の設置基準や審査委員の頭の中身も高等職業専門大学の本質に対する手触り感がないので、どうしても従来の大学、大学院のモデルに引っ張られる。

ビジネススクールも随分とたくさんつくったが、放っておくとすぐ「経営学」に流され、経営実務家教育に関する組織能力が弱くなる傾向がある。シンプルに言語化するならば、文系的な世界も含めてどこもかしこも「高専」化を進めなければならないのだ。このあたりは文科省、大学関係者も本気でモード転換を急がないと、この国の未来も日本の大学の未来も危うくなる。

資格制度の充実も重要

その頂点に君臨する医師やパイロットは言うまでもなく、看護師、介護士、運転手、さらには建機の操縦など、現場仕事系で相応の危険を伴う仕事が多いエッセンシャルワーカーの多くは資格を必要とする。これは当該人材が、その業務に堪える最低限のスキル、技能を持っていることを証明することで、業務の安全性を担保する趣旨である。

なぜそういうものが必要になるかというと、技能というものは相当の量の業務をやらせてみないとわからないが、誰彼構わずやらせてみることは危険なので、事前に研修受講や試験合格などのハードルを設けてそのリスクを軽減する必要があるからだ。

ここでの本質的論点は、人材の能力については情報の非対称性が不可避で、技能職の世界では少しでもその非対称性を回避することが、雇う側、雇われる側の両方にとって重要となる。特に自分の能力の証明責任を実質的に負う働き手にとって大きな意味を持つ。この点は労働集約的な業務の多いサービス業全般、すなわちエッセンシャルワーカーや観光業全般に同じことが当てはまる。実は学歴にも同じ情報効果、シグナリング効果があり、高い教育品質と人材輩出実績を持つ高等教育機関が充実することは、この観点からも賃金の押し上げ効果を持つ。

これまで資格制度のイメージは、規制改革論としては「悪」だった。資格制度が参入障壁を高めるという印象が強かったからだ。しかし、ローカル産業におけるエッセンシャルワーカーには、サービス産業分野の仕事が多い。サービス産業におけるサービス能力のクオリティは目に見えないので、むしろ格付けが必要となる。格付けがあることによって、賃金を高く設定できる。

ライドシェアが初期のいろいろな問題を克服して世界的に定着しつつあるのも、利用前のサービス品質の非対称性問題を、ネット上で運転手を格付けすることで解消できるようになったことが大きい。雇用の流動化が進むと全産業で同じような情報の非対称性の問題が起きる。その意味で幅広い領域で資格制度を充実させる必要がある。

現時点の観光業は、インバウンドの激増でそれなりの活況を呈しているが、賃金水準が相対的に低く、慢性的な人手不足に悩まされている。ここでも合理的な資格制度、サービスの格付け制度の充実が一つの解決の糸口になる。

世界の富裕層のツーリズムスタイルは、文字通りの観光（サイトシーイング）から、体験（アクティビティ）へとシフトしている。その変化を取り入れ、インバウンドニーズに対応するには、具体的にはツアーガイドが重要な仕事になるだろう。しかし現状、日本におけるツアーガイドは、高賃金の職種として確立されてはいない。

例えば難度の高い山に登るクライマーならば、インバウンドの登山ニーズを満たすためのツアーガイドとして活躍できる。ハイキングレベルではなく、日本の美しく険しい山々に登山するとき、彼らを連れて行く役割を担う。

ヨーロッパアルプスでは、一流のクライマーたちがツアーガイドに従事している。彼らが登山好きの富裕層をマッターホルンなどに連れて行く。彼らの年収は非常に高い。日本にも難度の高い穂高や剱岳《つるぎだけ》などにインバウンドを連れて行けるツアーガイドがいれば、ビジネスとして成立するのではないか。

これ以外にもさまざまなアクティビティガイド業務があるし、超高級ホテルのバトラーサービスなどは、知る人ぞ知る文化体験、自然体験あるいはエンターテイメントチケットの手配までカバーする、実に高度なプロフェッショナルサービスになる。もちろん何らかの形でしっかり対価はいただくサービスだ。

プレミアムが取れる観光資源の多いヨーロッパでは、こうしたサービス業務の国家資格が充実している。山岳ガイドやスキー指導員でも国家資格制度が整備されているし、そこに格付け制度も導入されているので一流レベルの給料は高い。美術館に行くのも、ガイドのクオリティによって体験の充実度はまったく変わるし、ガイドの値段も変わる。

現在でも、さまざまなサービス業がインターネット上の評価、星の数などで評価されている。そうした民間での評価に加え、公的な資格制度がもっと整備されれば、サービス業の評価基準が増え、よりサービスの質とそれに見合った対価水準が担保される。自らの業務水準を向上させ資格格付けが上がれば賃金も上昇するとなれば、そのための学習、研鑽、リスキリングを行う動機付けが生まれ、高度化、アドバンスト化も進むはずだ。

メインエンジンは経営者

このように高等職業教育システムの転換や資格制度の充実は重要なのだが、アドバンスト化、高度化が実際に進むのは経営の現場であり、それをけん引するメインエンジンはあくまでも経営者である。中堅・中小企業においては、まさに経営者その人次第と言っても過言ではない。

その一方で、エッセンシャルワーカー産業や観光産業では、従来、どちらかというとコストダウン型の経営、チープレーバーもうまく使った人件費抑制で長きにわたったデフレ不況をしのぐ経営が求められて来たので、多くの経営者の思考様式、行動様式にそれが刷り込まれている。ところがここに来て経営環境の前提が大きく転換しつつあり、そこについて行ける経営者とそうでない経営者の差が付きやすい状況になっている。その核心は付加価値労働生産性を上げて人手不足に対応できるか否かであり、これは経営者自身がクリティカルに問われる能力要件となっている。

ある意味、従来とは真逆の経営スタンス、マインドセットへの大転換、まさに働く人々への投資による高度化、アドバンスト化が競争優位性構築の条件になりつつあるのだ。

この脈絡で引き続き観光業や飲食業を例に挙げると、これまでは最低賃金産業と言われ、それこそ、雇用の受け皿としての役割が強いところがあった。20年前の産業再生機構時代に私たちが再建に取り組んだ日光鬼怒川の旅館群はまさにそういう状況だった。

しかし、今は状況が完全に変わっている。オーバーツーリズムの交通手段の解決のために域外旅客運送を認めた「ニセコモデル」がその典型だ。つまり、単価を上げ、付加価値を上げ、賃金を上げないと人が集まらないのである。

現状、地方のホテルやレストランで、1年中フル稼働できるところはあまりない。設備に対して人が足りないので、テーブルが10卓あっても、そのうち5卓しか稼働できない状況である。単価を上げて人を集めなければ、フル稼働は難しい。

人手が余っているときは、人件費は安かったし、デフレ不況で客単価が下がり続けるなかで人件費を抑え込むことが生き残り戦略の要諦であった。これに対し設備償却費のほうが高かったので、その稼働率を上げるべく少しでも安売りをして、24時間365日、頑張って運営を続け、毎日途切れることなくお客さんを入れることが合理的だった。

しかし、今は人件費が上昇しつつあり、そもそも人材確保が難しくなっている。そこで設備を無理に稼働させようとすると、かえって採算性は悪化するし、サービス品質も下がる。人が足りないのだから休むときは休んだほうがいいし、暇なときは従業員にもしっかり休みをとってもらって、労働生産性の高いとき（高い単価でもお客さんがたくさん来てくれる時期、曜日）に高い賃金で稼いでもらったほうがお互いにハッピーである。

実際、火曜日から木曜日まで休業し、金曜日から月曜日まで営業する週休3日というホテルや旅館も出てきている。稼働させるときは、単価の高いお客さんを入れる。そのほうが結果的に儲かる。週に4日であれば労働者も確保でき、賃金も上げられる。質の高い労働者、すなわちアドバンストな人材を確保できれば、オペレーションに問題も生じない。

最終的にフル稼働できるかどうかは、あくまでも結果論としてとらえればいい。付加価値労働生産性が業界内トップクラスで、人材獲得・維持力が高く、高収益体質になれば、自然とフル稼働になるはずだ。

繰り返しになるが、これは、従来と発想が完全に逆である。こうした発想の転換ができないと、従来とは違ったパターンで経営者は追い詰められて夜逃げをしなければならなくなる。先日も某大手給食会社でまさにそういう事件が起きて社会問題にもなったが、どうしても時間も足りない、資金も足りない、人手も足りない、採算が合わないから、値上げをしてくれ、でなければ供給はできない、とはっきり言えばいい。

「すみません、今までの値段ではつくれません。人も集まりません」

「値上げを認めてくれ」

「開発期間を延ばしてほしい」

そう要求すればいいのに、デフレマインドに浸りきった経営者にとっては、大顧客や大資本に向かって値上げを要請するなどあり得ないという発想から抜け出せない。いまだに現場にはデフレモードの残滓《ざんし》が残っているのだ。しかし、そのままでは何も変わらない。

経営者自身が腹を括って建前を現場レベルまで徹底する、転換のプロセスで短期的な混乱や利益減少があってもブレずに経営のあり方、仕事のやり方を大きく転換しなくてはならない。特に組織規模の小さいローカルな中堅・中小企業においては、経営者自身が先駆けとなってトランスフォーメーションを率先することがすべてを決するのだ。

DXによる付加価値労働生産性向上は誰でも可能な時代

付加価値労働生産性の向上には、DXも深く寄与する。

ネット技術、デジタル技術の活用は、ローカル型ビジネスにおいても、分子(付加価値)にも分母(省人省力化)にも両方で効いてくる。

しかもDXツールは生成AIを含めて安価で手に入れられるようになった。高機能に進化し、かつ、ユーザーエクスペリエンス(UX)がよくなっているので、中堅、中小企業でも、手軽に高機能なツールを使えるようになっている。

最近の例としてわかりやすいものをいくつか挙げてみよう。

名もなき地方の小さなレストラン、それほど大きくない20室程度の小ぢんまりした旅館に、世界中からお客さんがやって来る。これは、明らかにウェブ上で旅行代理店を展開するさまざまなオンライントラベルエージェント（ＯＴＡ）と、世界最大の口コミサイト「トリップアドバイザー」のおかげである。

「日本に行って日本らしい旅館に泊まりたい」
「日本でしか食べられないおいしい食事を堪能したい」

外国人がそう考えたとき、かつてはリアルの旅行代理店に足を運び、時間をかけて探さなければならなかった。しかも、その旅行代理店が勧める宿やレストランが、どのような評価をされているかは旅行代理店の情報でしか知り得なかった。

しかし、今はネットで少し探せばすぐに出てくる。評価が高い順に並んでいて、しかもいくつかの評価のポイントが別々に出ているから、自分が重視するポイントにフォーカスできる。外国人への対応の有無も明示されているので、世界中の外国人が不安なく予約が取れる。これは、完全にＤＸのおかげである。

日本の旅館やホテル、レストランや小料理屋から見れば、ＯＴＡや口コミサイトに引っかかる仕掛けさえあれば、海外から高単価の予約が直接入る。旅行代理店を通して手数料を抜かれる心配もない。地方の山中にあるひなびた宿が、いくら素敵だったとしてもアメリカ人やヨーロッパ人に売り込むのはほぼ不可能だった。それが、今は簡単にできる。

デジタル化によって情報へのアクセスが無限に広がり、かつ容易になった。しかも、口コミはあっという間に世界中に広がる。低コストで単価の高いお客さんを呼び込むツールはいくらでもある。管理ツールも簡単なシステムでマネジメントできるので、上手に部屋を埋めることも可能になった。

コスト管理系のDXツールもfreeeのような会計系ツールをはじめとしてさまざまな安価で使いやすい省人化、省力化ツールが登場している。業務系では掃除ロボットや配膳ロボットなどもどんどん安くて使いやすいものが登場している。

結局、こうしたツールを使いこなせるかどうか、すなわち経営の問題なのである。

まずは経営の解像度を上げること——みちのりグループでは

DXというと、ついついツールの活用に目が行く。しかし、ローカル型ビジネスでこうしたツールを使って付加価値労働生産性を上げる出発点は、「分ける化、見える化」で経営の解像度を上げることである。

どのサービス、どの商品が儲かっているのかいないのか。どの拠点、どの部屋、どのベッド、どの人材の生産性が高いのか低いのか。儲かっていない、生産性が低い原因は何なのか。個別的な要因なのか、それとも仕組み全体、戦略全体、ビジネスモデル全体の構造要因なのか。これを徹底的に検証しながら営々とPDCAを回し続ける、それがすべての出発点である。

これをやろうとすると見える化、分ける化ツールとしてデジタルを活用することを考えることになり、そこから出てきた解決策としてもデジタルツールの活用可能性を探ることになる。経営環境は日々刻々変化し、デジタルツールも日々進化する。だからこのPDCA回転は永久に続けなくてはならない。それができるか否かが経営力の高低を決める。

IGPIグループでも、ローカル企業でDXへの取り組みを実施しているので、その例を二つほど紹介する。

一つ目は、私たちIGPIグループは、設立当初からローカルの世界における交通インフラ事業への経営支援に取り組んできた。それがローカルの世界を維持、発展させるために欠かせないという確信があったからだ。

そこで、2009年に「みちのりホールディングス」を設立した。現在では七つの地方インフラ交通事業体（福島交通、茨城交通、岩手県北バス、関東自動車、会津バス、湘南モノレール、佐渡汽船、それに加えて、みちのりトラベルジャパン他）を保有し、東日本を中心に5430名の社員と2427台のバス・鉄道・船舶を擁する日本有数の交通・観光事業体にまで発展させた。

東北地方という日本でもいち早く人口減少が始まり、過疎化が進む、密度の経済性が重要な地方バス事業環境としてはもっとも不利なエリアで営業を行っているにもかかわらず、みちのりグループはさまざまな収益指標、生産性指標で我が国の地方交通インフラ事業の中でトップクラスを実現している。

ここで我々がまずやったのは、路線別採算性、整備生産性、運転手生産性を徹底的に細分化して継続的に把握することである。例えば、その手段として一種のデジタルツールであるICカードを導入して、顧客利便性と同時に路線別、ダイヤ別にどこからどこまで顧客が乗っているのかを把握する。そうした高解像度の「分ける化、見える化」を各バス会社で徹底的に行い対策を講じる。そして、ある会社でうまく行った施策はグループ内で横展開する。こうした努力を5年、10年と継続することで現在の高い付加価値労働生産性を実現できるようになった。

おかげで東日本大震災も乗り越え、過疎化のなかで路線の総延長も延ばし、人手不足の中でも他社よりも人材の確保に成功することでシェアを伸ばしている。

加えて、さらに進行する過疎化と運転手不足に対応するために、先端的なテクノロジーを駆使して新しいサービスモデルも展開している。道路事情で運行時間が不安定になりがちな問題について利用者の利便性を高めるために、ネット上で停留所への到着時刻を把握できるバスロケサービスや今では当たり前の長距離バスのネットでの座席確保なども業界に先駆けて導入した。最近は最先端のＡＩを活用した新たな取り組みも始めている。

一般に、地域住民の移動需要は、朝晩の通勤・通学時間帯と日中の閑散時間帯とでは大きく異なる。そこで「ダイナミックルーティング」と呼ばれるＡＩを活用した「呼出型最適経路バス（ＤＲＴ）」を、茨城県高萩市や福島県会津若松市などで導入している。

ＤＲＴは具体的に、利用者からのリクエスト（出発地・目的地）に応じて、ＡＩが最適な運行経路とダイヤを自動生成する。標柱があるリアルなバス停に加え、システムの地図上に仮想のバス停を細かく設定し、乗客の乗降場所を多数設定する。利用者に現在地と仮想バス停の間を歩いてもらうことで、より効率的な経路を実現し、多くの相乗りを発生させる。

これによって、大勢の乗客が決まった時間、決まった場所から同じ目的地に移動する路線バスの弊害と、ドアツードアで非効率なデマンドタクシーの弊害を一気に解決できる。利用者の利便性とニーズを満たしながら、事業者にとっての生産性を向上させることができる。

また、自動運転による現実的かつインパクトのある運転手不足問題対応の選択肢として、ＢＲＴ（バス専用道運行サービス）を前提とした無人バス運行の実現を着々と進めている。

レベル4の運行はほぼクリアしつつある。

こうしたデジタル化を進めるために、各地域の実情を考慮し、どのようなシステムが最適かを目利きできるデジタル人材を配置している。彼らはグループとして交通機関の運行を担う立場に立ち、各地域の実情に即したDRTを導入している。お仕着せのシステムではなく、あくまでも顧客の利便性と事業者の生産性向上を同時に満たすDXの実現に向けて日々取り組んでいる。

ただ、強調しておきたいのは、デジタル人材と言ってもAI開発の天才人材という類《たぐい》の人たちではなく、あくまでもDXの使い方のエキスパート、既存ツールやサービスプロバイダーの評価能力や改良能力に優れる人材、業務とツールをつなぐ能力とモチベーションを持っている人材である。こうした人材が昔のように何十億円、何百億円もかけなくても、最先端のツールでいろいろなイノベーションを可能にしてくれるのだ。幸い、みちのりグループにはそういう人材が集まって来てくれている。

つまるところ、経営体を人材レベルを含めて高度化するCX（コーポレート・トランスフォーメーション）はDXが成功するための不可分条件なのだ。

経営者のトランスフォーメーションとCX、DXは三位一体

二つ目は地方空港の経営である。

観光立国を目指す日本にとって、空港事業はその根幹をなす。羽田空港、成田空港、関西国際空港、福岡空港、新千歳空港、那覇空港、伊丹空港、中部セントレア空港など国内主要空港8か所が日本全体の8割の乗客を受け入れていて、その他国内の大多数を占める地方空港は構造的赤字の状態が続いている。

IGPIグループは2019年4月から南紀白浜《なんきしらはま》空港（愛称・熊野白浜リゾート空港）の運営を手がけている。これは地方空港民営化の第一号案件であり、今後の空港民営化が加速するかどうかの分水嶺となる。ローカル産業の観光事業にとっても、重要なプロジェクトと位置付けられており、実際、南紀白浜地域のDMO的な役割においても大きな実績を上げて全国的に注目されている。

収入サイドにおいては、飛行機の発着数、大きさ、そして搭乗客数で空港の収入は決まる。となると、どれだけたくさんの旅行者にインバウンド、アウトバウンドともに南紀白浜空港を使ってもらえるか。そして飛行機1機当たりの搭乗人数には上限があるので、需要を平準化できるか、が課題となる。

南紀地域は白浜温泉や熊野三山など世界クラスの観光コンテンツに恵まれているので週

末は国内の観光客だけでほぼ満席になる。問題は平日。そこで平日の利用動機を探索していろいろな試行錯誤を繰り返す中でワーケーションが有力な施策候補となり、それを進めていった。東京から飛行機で1時間、しかも南紀白浜空港から白浜町の中心部まで車で10分もかからない立地条件を活かせるのではないか、という仮説である。

結果的にこの仮説は当たり、他にもいろいろな施策を細かく積み上げ、PDCAを回していった結果、今では地方空港としては全国有数の収益力を実現している。コロナ禍で旅行者が激減する中で、リモートワークの推進と連動してワーケーションが注目され、南紀白浜空港の取り組みも注目された。これも経営の解像度を上げてこつこつ努力するなかで生まれてきたものである。けっしてケレンなアイデア一発勝負ではない。

コストサイドに目を転じると、空港の事業収支は固定費比率が高く、発着便数が少ない地方空港は構造的赤字に陥りやすい。このとき、コスト削減は重要な施策と言えるが、安全・安心を最優先する空港の使命を考えると、おのずと限界がある。そこで、安全・安心を満たしながらコストを削減し、顧客の利便性を上げるというミッションが課せられた。

空港業務のもっとも重要な作業は、航空機の離着陸を行う滑走路の点検だ。空港の安全・安心を守る根幹となる業務である。南紀白浜空港ではパトロール車に職員が乗り、長さ2000メートル、幅45メートルの滑走路の路面状況を、1日2回、目視《もくし》で点検していた。しかし、人の能力に依存する作業は負担が大きく、見落としの可能性も捨てきれない。

そこで、職員が運転する車両にドライブレコーダーを搭載し、撮影・記録した画像データをＡＩに読み込ませ、亀裂や損傷を自動検知させるシステムを導入した。気象条件にもよるが、２〜４ミリ程度のひびまで検知できる。

今後はひびの幅を検知するロジックを開発し、滑走路面の劣化の進行を把握し、予防保全につなげる構想がある。また、現在は職員が運転する車両を、自動運転に切り替える実証実験も進んでいる。滑走路の日常点検の完全自動化を実現し、安全・安心とコストの削減の両立を目指している。安全・安心を担う空港のハード面のＤＸは、ほかにもさまざまな実証実験が行われている。

一方、空港運用業務としてのソフト面のＤＸも進んでいる。例えば、工事関係者の制限区域立入申請とその承認業務、小型機の駐機スポット予約とその使用届など、ほとんどの空港で共通するさまざまな空港運用業務は、現在はほとんど紙ベースで行われている。これをクラウド化し、ペーパーレス化することで効率化と省人化を図っている。

その他、空港の保安検査で撮影された画像をＡＩに分析させ、保安業務の高度化、時間短縮、負荷軽減を目指すシステムなども開発中だ。

こうした経営の高解像度化とＰＤＣＡ回し、先端的なツールの導入を行っているのは、

IGPIグループから派遣された3名の経営人材である。やはりCXとDXは一体の話になっている。

最後に私が長年総合コーディネーターをやっている日本生産性本部の軽井沢トップセミナーに登場してもらった成功事例も紹介する。

伊勢神宮の参道にある、ゑびや大食堂は、創業100年を超える老舗中の老舗である。伊勢といえば伊勢エビ、近くの松阪牛も人気の食材である。それらを使ったゑびや大食堂のメニューは、伊勢神宮の参拝客の人気を博していた。ところが、2010年代に入ったころには厳しい経営状態に陥っていたという。

そのさなかの2012年、グローバル産業の代表格とも言えるソフトバンクを退職した27歳の青年が、妻の実家のゑびや大食堂に入社してから風向きが変わった。

彼はローカル産業の中小企業が生き残るには生産性の向上しかないと考え、AIやIoTを駆使したデータ経営へのシフトを企図した。さまざまなデータの収集や分析を自動化し、それに基づく施策をデータで検証、その結果をもとにさらなる施策につなげた。

彼らが導入したのは来客予測、店舗分析、画像解析などの機能を持つビジネスインテリジェンスツールだ。来客予測では、過去の売り上げ情報とそれに対応する天気データや近隣のイベント情報を関連させ、翌日から1年先の来客数を予測できるシステムに改良した。的中率は90％を超え、来客予測をもとに発注、従業員のシフト、仕込みのタイミングと量を最適化した結果、廃棄ロスが7割以上減少し、料理の提供時間を80％減らすことに成功した。

店舗分析ではPOSと連動させ、売り上げ、客単価、原価と粗利などのデータを一元管理できるようになり、商品やメニューの最適化が可能となった。

店舗内外に設置したカメラを画像解析することで得た入店率や購買率のデータなども加味した結果、2012年に1億円だった売り上げが、2023年には約8億円に、1200万円だった利益は、1億5000万円まで伸びた。

こうしたDXを駆使した生産性向上ができた原点は新たな経営者であり、経営者のトランスフォーメーションとCX、DXは三位一体と言っていいだろう。

ローカル型産業とDXの相性はいいのだが……

これまで、グローバル企業ではDXによって余剰人員が出ると指摘してきた。生成AIなどの機能が、ホワイトカラーの「代替」になるからだ。

他方、ローカル産業の企業では、ほとんどの場合、サイバー空間の活用が従業員の代替にはならない。提供付加価値の本質がリアルな業務にあるからだ。サイバー上のサービスはリアルにおける付加価値の、完全なる「補完」になる。そういう意味では、ローカルの中堅・中小企業は大いにＤＸを使ったほうがいい。余剰人員が出る心配はない。

しかし、いろいろな現場を間近で見ていると、ローカル経済圏のＤＸ、ＣＸは遅々として進んでいない。残念ながら、気の利いた一部の経営者しか取り入れていない。全体を10としたら、感覚的には1か2程度の進捗だろう。

その1か2の企業は生産性が上がり、業績がよくなって賃金を上げている。先ほども書いたように、大々的にそれをアピールせず、こっそりと賃金を上げているので、ほとんど知られていない。

経営者にＤＸ、ＣＸを勉強してもらい、レベルを上げてもらう、これは国の政策としてやるべきだろうが、限界がある。３００万人とも言われるローカル産業の経営者は、高年齢化していて、デジタルネイティブではない。しかも、過去の経験に縛られている。今さらＤＸ、ＣＸといっても、親和性はかなり低い。

もちろん、なかには例外もいる。高年齢ではあっても頭が柔らかく、デジタルに対応できる経営者もいる。しかし、それはあくまでも少数派だ。最短距離は、世代交代、新陳代謝することである。

そもそも、経営において重要なのは「デルタ（改善シロ）」が大きいことだ。

ベストな経営を行い、ベストなオペレーションを実践していても儲からない事業は、事業として成立していない。反対に、きわめてお粗末なマネジメントでも、収支がトントン、ないしはやや赤字ぐらいであれば、しっかりとした経営を行えば確実に黒字になる。給料も上げられる。そうした企業や産業は、日本の場合はむしろローカル産業に多い。

先進国のなかで、日本のサービス産業の付加価値労働生産性が上位の半分程度しかないことは、普通に考えて説明がつかない。日本社会と日本人の特徴は、飛び抜けたエリートがほとんどいない代わりに、平均的に真面目で、誠実で、一生懸命にやることだ。そうした特徴を持つ人たちがこれだけいるなかで、そこまで生産性が低いのは、経営者の問題であり、構造の問題である。端的に言えば企業の数が無駄に多く、そのために過当競争に陥り、それを打破すべき経営者のレベルが高くないことが原因だと言っていい。

何かを大きく変えるには、多大な痛みやストレスを受け入れなければならない。基本的なモデルを変えず、たとえ緩慢な自殺になっても、ゆでガエルでいる限りはカンファタブルだ。最後に悲劇が待っていても、今のカンファタブルさに身をゆだねてしまうのは人間性の現実かもしれない。特にコミュニティの調和や平穏を大事にする日本人の集団にはその傾向が強いようだ。

その中で、ＤＸによる生産性向上、ワーカーのアドバンスト化が進まない根本的な原因は、経営者、従業員、場合によっては利用者にも相当のストレスをかける行動変容、思考変容が伴うことにあるように思う。

ＤＸはＣＸと連動しなくてはならず、仕事のやり方を根本から変えなければならない。お客さんにＩＣカードを使ってもらったり、スマホの使用が必須になったりする。レジの無人化を進めると、無人レジに対応する人材が必要になり、お客さんにもストレスをかける。使い方がわからないお客さんから文句を言われ、デジタルスキルが低い人に丁寧に指導することも必要になる。デジタルナレッジが必須の仕事の仕方に変わると、抜本的なスキルチェンジが起きるので、経営者も現場の働き手レベルもストレスがかかる。

スイッチさえしてしまえば、つまり導入時のきつい坂さえ登り切ってしまえば、そのほうが絶対にやりやすくなる。パソコンのセットアップは面倒でも、それを乗り越えれば普段の仕事が格段に楽になるのと変わらない。

しかし、年齢を重ねると、そのスイッチングがつらい。高齢の経営者レベルではますますそう感じてしまうので、ＤＸ、ＣＸに対する抵抗感が消えない。あるいはＣＸなしにＤＸツールだけを入れて、コストがかさむだけで不稼働資産になってしまう。そして既存の経営の形、組織の形、業務の形、ビジネスの形のまま、歯を食いしばって頑張るというケースに陥ることが多い。

手っ取り早いのは、経営者がデジタルに詳しい人材を雇うことだ。そして本気でDXとCXを同時に進める。気の利いた中小企業経営者は、自らの企業規模や利便性の低い地域であることなど気にせず、一流大学出身の有能な人材を、高額な賃金で雇っている。それは現実問題として可能なのに、尻ごみする中堅・中小企業の経営者にありがちなのは、次のような言い訳だ。

「ウチみたいな中小企業の分際で、そんなに優秀な人を雇うのはおこがましい」

「いくら優秀なAIデザイナーだとはいえ、30歳の人材に2000万円も払うと、ほかの従業員の士気に関わる」

これらの言い訳に意味がないのは一目瞭然だ。

若い人は、人生はいろいろであり、他人と自分を過度に比較しないマインドがある。大谷翔平選手のように年俸100億円もらっている人がいても、何もおかしいとは思わない。むしろ、経営者のほうが抵抗感を持つ。優れた人材を雇って飛躍することに踏み込める経営者は、一般的には多くない。そうした心理的抵抗も含めて越えていかなければならないのがDXであり、CXである。人手不足を補い、人手の離反を食い止める意味でも、これからは「腹をくくってDX、CX」を合言葉にする必要がある。

今どき人手不足倒産が働く人々をアドバンストにする理由

ここに来て久しぶりに企業の廃業・倒産件数が増えている。その中でも多いのが人手不足による廃業や人件費と材料費の高騰による倒産だ。ローカル産業の現場は、いち早く新しい現実に直面しているのだ。マスコミでは倒産件数が増えることを懸念するような報じ方をしているが、はたしてこれはそんなに懸念すべきことなのか。廃業、倒産が社会に及ぼす悪影響は何と言ってもそれで雇用が失われて長期失業につながることだが、今のこの情勢でそういう問題が多発するとは思えない。

「人手不足倒産を止めるな、人件費倒産を止めるな」

過日出演したNHKの全国放送テレビ番組で私はそう主張したが、以前であればすさまじい数の抗議電話がテレビ局に入ったはずだ。

「倒産を放置するとは何事だ」と。

しかし、2024年に放送されたその番組には、ほとんど抗議らしい抗議は来なかったという。なぜなら、現在から将来に向かって起こるであろう変化は、ローカル産業で働いている視聴者のほうが実感として持っているからだ。

私たちは東北地方や近畿地方などの現場で実際にローカル企業を経営しているので、この大きな変化を一次情報として実感している。そこで働く正規雇用、非正規雇用、比較的賃金水準の低い企業で頑張っている人たちの実感を手触り感として持っている。だからこそ、テレビ番組で「人手不足倒産を止めるな、人件費倒産を止めるな」と主張しても、もはや抗議を受けないことはかなり予測できた。

むしろ、現在の経営者に代わって優れた経営者に来てほしいと内心で思っている人のほうが多いかもしれない。経営者が代わることで、労働生産性が上がり賃金上昇が期待できるからだ。従来の中小企業政策では保護すべき対象と位置付けていたローカル企業についても人手不足倒産を止めないことが、そこで働く数多くの現場人材のアドバンスト化を促進することになるのだ。その意味で後に述べる制度的な課題を除くと、今の中小企業政策においてもっとも大事なことは不作為に徹することである。

世間では、経営者の啓蒙やリスキリングによって経営方針、経営スタイルが変わるという議論も多い。しかし、それはほとんどの場合、時間の無駄でしかない。だいたい、300万人以上いる経営者のリスキリングなど無理な話だ。心ある経営者はすでに方針を変え、現場に反映させている。事業譲渡にも動き出している。それをしてこなかった経営者を変えようとしても、いたずらに時間を引き延ばすだけにすぎない。

働き手は、むしろ自分から優秀な経営者が率いる企業に移ったほうがいい。経営者が自ら退出しないのであれば、従業員の側から労働シフトすることで企業の新陳代謝を促すこともできる。

組合運動も経営者に雇用を守れと言うばかりではなく、思い切ってストライキを打つか、経営者の交代や有能な経営者のいる会社への身売りを迫る。最後は組合員全員で別の企業に集団転職する方向に向かうべきだ。そうすれば、高賃金企業に人手が集約される。人件費倒産、人手不足倒産を止めなければ、否応なく新陳代謝は進むのだ。

このとき、ローカル企業の新たな経営者、経営者の参謀的位置づけになりうるのがグローバル企業のホワイトカラーやその予備軍だ。若い人はグローバルとローカルの差別意識を持っていないので、ローカルにシフトすることにも抵抗がなく、移った先でも役に立つ仕事ができるのは間違いない。

40代半ば以上の昭和世代でも、グローバル産業からローカル産業へのシフトに伴うモード変換ができれば、役に立つ仕事はできる。

新陳代謝を阻む制度的要因を取り除け

新陳代謝が進まないのは、一義的には新陳代謝に踏み切る視座と勇気のない中小企業経営者の問題だと述べてきた。ただ、彼らに同情すべき点があるとすれば、日本の法制度やビジネス慣行ではあまりにも経営者の退出コストが高いことが挙げられる。

拙著『なぜローカル経済から日本は甦るのか』でも書いたが、企業の借り入れに対して経営者の個人保証があるため、退出後の生活に支障をきたす問題がある。あるいは、企業の整理手続きが硬直的であるため、経営が苦しくなってしまうと逆に会社をたたむのが難しいという難点もある。その結果、会社をたたむ場合は、経営状態が良好な段階で廃業するか事業譲渡しなければならなくなり、本来の淘汰メカニズムとは逆のことが起きてしまう。完全にパラドックスである。

この点で一橋大学経済研究所の特命教授で、独立行政法人経済産業研究所理事長の深尾《ふかお》京司《きょうじ》先生による、生産性向上に寄与した原因を分析する研究が興味深い。

新企業の参入と旧企業の退出を比較した場合、常識的に考えれば、生産性が低い企業が退出したときに生産性がプラスに働く。ところが、日本の場合は旧企業の退出がマイナスに働くという。おそらく退出できる企業は、経営的に優良である場合が多いからだ。

すなわち経営者から個人債務保証を取っている金融慣行の元、しかも整理手続きのハードルが高い中で、ある企業が別の企業に事業譲渡できるということは資産超過でそれなりに稼いでいるからだ。そうした企業は比較的付加価値労働生産性が高いから、退出がマイナスに働いてしまうというのだ。先進国では、ほぼ日本だけの特殊な現象だという。退出コストが非常に高いことを示唆していると言っていい。

こうした事情があるので、政府は、追い詰められ、進退きわまって退出しなければならなくなった企業が悲劇に陥らないように一生懸命に支えることになる。だから、「ゾンビ企業」が生き残る。社会的にも経済的にも退出コストを下げないと、この問題は解消しない。結果、新陳代謝はなかなか進展しない。

今後、コロナ禍に行われた「ゼロゼロ融資」によって過剰債務を抱える中小企業が出てくるだろう。しかも、借り入れの返済期日が迫り、人件費の上昇もあって、追い詰められる中小企業が出てくるはずだ。そのとき、スムーズに退出できる環境を整えなければ、その中小企業はゾンビ企業となって生き残る。それでは、長い目で経営者も従業員も不幸になるだけだ。

そんな合成の誤謬《ごびゅう》を避けるために、私は、かねてから退出コストを下げる（残留コストを上げる）ような仕組みを整備しよう、少なくとも退出を阻害する要因をまずは除去すべきと言い続けているが、なかなか進んでいない。

除去すべき阻害要因の第一は、やはり中小企業経営者による債務保証問題なのだ。金融庁のガイドライン等で徐々に減ってはいるがまだかなり残っている。

具体的には、金融機関の融資に関する個人保証は原則禁止にするべきだ。すでに締結している個人保証に関しては、運用で軽減するしかない。経営者の公私混同、企業の財産の私的流用がなければ、徴求は「権利の濫用」として禁止する。徴求する場合には、金融機関側が公私混同、資産流用があったことを挙証する仕組みにしたほうがいい。

産業再生機構時代、私たちは内部ルールをつくっていた。個人保証については、経営者以外の一族には徴求しなかった。経営者本人に関しても、ルノアールの絵など、生活に必要のない高価な資産は徴求した。しかし、横領背任的なことがなければ、連帯保証にサインしていても、基本的には経営者個人には徴求しなかった。その姿勢が、現在の金融庁のガイドラインになっている。むしろ、それが筋なのだ。

この議論をすると、金融機関はこう主張する。

「ガバナンスを利かせるために、個人保証を取っている」

つまり、精神的な足かせだ。だとすれば、公私混同や個人の流用がなければ、徴求してはならないはずだ。真面目に経営したけれど、うまくいかなかったケースに個人保証で徴求する筋合いはない。

むしろ、真面目に経営していた経営者ほど、資産を持っていない場合が多い。それ以上、徴求しようとすると、個人の生活に重大な影響を与える。しかも、回収できる可能性は限りなくゼロに近い。金融機関としても、機会費用を考えると余計なことをせず、金利だけでも払ってくれるのなら放置したほうが楽だし理にかなっている。結局、ゾンビ状態を引っ張ることにつながる。

経営者に個人保証させないと取り引きできないのであれば、取り引きをしなければいいはずだ。要は銀行としては事業性ローンを出せない事案なのだから。中小零細企業は個人と会社の区別ができないというのであれば、企業ではなく個人に貸せる範囲で貸せばいい。

本来、規模の大小を問わず企業に対して信用供与するのであれば、その企業が行う事業を評価して貸しているはずだから、個人保証は必要ないはずだ。右肩上がりで融資件数も金額も急増している時代ならともかく、今の時代に個人保証制度を維持する意味合いはない。結局、自らの審査能力の欠如を棚に上げているにすぎない。経営者個人、あるいは経営者一族の退出コストを下げることは、この国の重大な課題になってくる。

もう一つの問題は、退出のためのM&Aに関連する債務整理手続きの問題だ。新陳代謝の絡みで、ここに来て中堅・中小企業のM&Aが増えている。この10年でかなり潮目が変わったのは事実で、M&Aに対する抵抗感は下がっていると見てよい。

ただ、事業が順調な中小企業は引き取り手に恵まれても、経営が厳しい中小企業はなかなかM&Aにかからない。この10年間で増えたのは、経営が順調な企業のM&Aのほうだ。

逆に、経営が思わしくない中小企業のM&Aでは、債務整理が硬直的という日本ならではの問題がある。紛糾させず、静かに債務超過を解消してM&Aを成立させようとすれば、今の法制度における私的整理では債権者全員の同意を得る必要がある。誰か一人でも異議を唱えれば、裁判所が介入する法的整理になる。そうなると会社と経営者個人のレピュテーションに響くし、経営者個人による債務保証問題も顕在化する展開になるため、金融機関も無理やり追い込めず、整理が進まない。多数決による私的整理制度の導入は急務だ。

最低賃金の引き上げはなぜ重要か

最後に最低賃金制度と非正規雇用の問題も改めて指摘しておきたい。

この国の最低賃金は先進国の中では以前から突出して低いことが指摘され、第二次安倍政権以降、むしろ保守政権主導でその引き上げが行われてきた。私も10年前に最低賃金を一気に時給1000円に引き上げるべきと新聞のコラム等で主張したが、それが実現したのはつい最近。それも全国一律ではないので、いまだに時給900円台の地域もある。

最低賃金を上げると、非正規雇用の安い人件費に依存している中小零細が持たない、そして雇用に悪影響を与える、という理屈で世界有数に低い最低賃金が維持されてきた。要はまたぞろデフレ不況と人手余りを前提とした議論である。

しかし、最低賃金制度の源は憲法25条の「健康で文化的な最低限の保障」にあり、賃金収入を得られる人がその収入だけでこれを実現できる賃金水準を国家が保障するところに本旨がある。その意味で水準決定においては圧倒的に労働者の生活水準から算出すべきであり、企業の側の支払い能力を考慮する必要はほとんどない。

結果的に最低賃金制度はその本来の機能を発揮できず、次に述べる非正規雇用の増加とセットになって、雇用の受け皿を守る一方で低労働生産性の企業と労働者を増やす役割を果たして来た。

しかし、前提条件が大きく変わった今、最低賃金を低水準に抑え込む政策的な意義はない。それを払えずに潰れる会社はむしろ退出し新陳代謝を進めたほうが、働く人々の暮らしはよくなる。だから企業の支払い能力など脇に置いて、シンプルにその時点での物価水準や社会情勢を前提に、たとえシングルマザーでもその賃金だけで健康で文化的な生活が送れる水準に引き上げるべきなのだ。

その観点で今の水準、例えば首都圏の最低賃金水準、すなわち時給1100円で8時間労働で週5日稼働、月額合計で20万円にも満たない給料で、子どもを抱えた母子家庭が持つとは思えない。インフレが進み家賃も上がっている中で、直ちに時給1500円くらいに引き上げないと制度趣旨は実現できないのだ。

2024年は5%の大幅引き上げを実現したとメディアなどで伝えているが、このペースで1500円に達するには5年以上かかる。その頃にはインフレがさらに進んで時給が2000円ないと健康で文化的な生活は送れなくなっているだろう。要は現行の制度設計と運用方式では逃げ水を追うような話になってしまうのである。

これと組み合わさって付加価値労働生産性の低い職場を温存する宿痾《しゅくあ》となっているのが、正規雇用と非正規雇用の間のあまりにも大きい格差だ。

我が国の勤労者の長期的な所得減少の原因については、元スタンフォード大学教授で今は東大経済学部の星岳雄教授がすぐれた分析を行っているが、およそ2倍の賃金格差を受け入れたせいで、非正規の増加に伴って加重平均で賃金を下方に押し下げてしまったことが最大の要因だそうだ。

結局、デフレ的均衡のバッファとして非正規雇用を使って雇用を守ったものだから、企業が低生産性・低賃金モデルを選択し、労働組合もそれに目をつぶってきた。そして政労使ともに本気で同一労働同一賃金を目指すのではなく、お題目として非正規を正規に押し戻すかのような制度改革でお茶を濁して来た。しかし、ホワイトカラー正規雇用の減少には構造的な原因がある中で効果が出るはずもなく、かえって雇い止めなどの大きな副作用を生んでしまった。

だが、この負のスパイラルにも転換の兆しが出ている。言うまでもなく労働供給制約時代の到来によるものである。すでに2010年代半ばから非正規雇用増加は止まり、コロナ禍のような外部要因イベント期を除くと正規雇用求人倍率は1・3程度の高止まりを続けている。また、非正規の人たちの中で不本意非正規は2割前後まで減少し、8割は自発的に非正規の形で働く人々である。その多くは本業がある中で副業的に非正規労働に従事している。完全に実態は変わったのだ。だからここは思い切って、賃金水準、社会保険や雇用保険などいろいろな意味で正規と非正規の間にある格差を撤廃し、どちらも働き方、生き方の選択肢として働く人々が中立的に選べるようにすべきなのである。

東京の一極集中が日本を豊かにしない理由

前にも説明した通り、日本のローカル産業、エッセンシャルワーカーが働くビジネスは、単純な規模の経済性が効かない。密度・集積の経済性である。これにマクロ経済分析を適用すると、密度・集積を上げるためには少なくともインフラの構造が拡散居住型になっているとうまくいかないという話もした。実はこの問題は、ローカル企業の付加価値労働生産性問題と相まって、日本の未来に人口消滅という根本的な危機を招きつつある少子化問題にも深く関連している。

2023年、厚労省出身で介護保険制度をつくった立役者である山崎《やまさき》史郎《しろう》氏（現内閣官房参与）から声をかけられて、少子化問題、人口問題に真剣に対峙するムーブメントに参加した。山崎氏はかつてＪＡＬ再生や地方創生などで一緒に仕事をした旧知の仲である。

彼の発案で、元日商会頭の三村明夫《みむらあきお》氏、約10年前に私の『なぜローカル経済から日本は甦るのか』と同じタイミングで『地方消滅』という衝撃的な著書を出して地方創生の重要性を世に知らしめた増田寛也《ますだひろや》氏（元総務大臣、現日本郵政社長）を中心に人口戦略会議を立ちあげ、政府への政策提言や世の中への課題提起を行っている。そこで改めて我が国で起きている人口移動と少子化現象について、詳細な分析を行っている。

その詳細は最終章で改めて述べるが、少子化は本書で論じてきた社会経済的な問題、すなわち「可処分所得」と「可処分時間」との関連性が大きい。

若い世代、特に若い女性が大都市、とりわけ東京圏に出ていく人口移動トレンドの中で、地方から出てきた若者世代にとって東京圏は過剰集積で「可処分所得」が少なく（家賃などの生活固定費が高い）、「可処分時間」も短い（通勤時間も労働時間も長い）。保育園などの育児環境も厳しいところが多い。

女性が専業主婦的に子育てをすれば時間はあるではないか、という昭和なおじさんもいるが、これは女性の人生選択に関する価値観の変容においても、また夫が単独で稼げる「可処分所得」の水準という意味でもほとんど成り立たない議論である。要は東京圏、地方圏を問わず「共働き、共稼ぎ」は所与と考えるべき時代なのである。

逆に地方のほうがそれなりの企業に就職できれば「可処分所得」と「可処分時間」に恵まれ、保育環境も有利になるが、特に女性にとって心地よく働ける優良企業が少なく、彼女たちは大都会へ出て行ってしまう。

まさに本書でたびたび指摘してきたグローバルとローカルの問題、東京圏で苦しくなり減少するホワイトカラー雇用と地方圏で低い付加価値労働生産性にあえぐローカル企業という構図が、少子化との関係でも浮上してくるのである。

結果的に社会移動で人口が流入してくるが、出生率が低く自然減が起きる地域が「ブラックホール」になっているわけで、そういう地域はやはり首都圏に多い。今回、人口戦略会議の報告書でこれをそのまま「ブラックホール型自治体」と命名したことに反発も出ていたが、言語化としてはまさにその通りなのだ。

別にその自治体が悪いわけではなく、平均的な所得の若者にとっては東京圏の過剰集積によって必然的にそうなるだけの話だ。東京の側、地方の側の両方が合わさって少子化の悪循環にはまっているのである。

結局、ローカル経済圏で働く人々の付加価値労働生産性を高めること、グローバル経済圏で働いていてもローカル経済圏のメリットを享受できる居住形態をデジタル技術などで実現すること、こうした東京圏外における生き方、暮らし方をより豊かに大きくすることなしにこの問題の解決は困難である。

また、東京圏の過剰集積のデメリットとして、最近、都心3区にはグローバルな高生産性人材が集まっているにもかかわらず、都道府県別GDP成長率で東京都はいつも下位に低迷している事実がある。都の人口は増加しているのだから一人当たりGDPの成長で見たらもっと悲惨である。

考えてみたらコロナ禍で明らかになったように、満員電車に往復2時間以上揺られている生活で付加価値労働生産性が上がるわけがない。この2時間は生産するどころか消耗しているだけなのだから。

要は大多数の人々にとって、東京一極集中は日本国民を豊かにしない。やはり多極集住を進めないと少子化問題も出口がないのである。

「昭和」が色濃く残っていることの問題

本書では人口減少は大きなチャンスであり、それを逆手にとって日本の経済と国民の生活を豊かにすべく反転攻勢できると言ってきた。ただ、もっと長い時間軸、30年、60年、90年すなわち国家百年の大計で考えると、今の1に近い出生率は30年ごとに人口が2分の

1の指数関数で減少することを意味している。2分の1、4分の1、8分の1というように、あっという間に日本消滅の危機となる。これはどこかで均衡させなければならない。常に若い人が親の世代の半分しかおらず、全体も急激に縮む状況では安定した豊かな社会を実現することは極めて難しい。

ちなみにローカルサイドの若い女性流出の背景には、本書でたびたび指摘してきた、社会・生活空間としてのローカル経済圏に「昭和」が色濃く残っている問題がある。

1990年代初頭まで、つまりバブル崩壊までは、地方の人口は増加していた。高度成長期に集団就職でいったん減少したあと、1972年に登場した田中角栄元総理が掲げた「日本列島改造論」から、右肩上がりで増え続けてきた。そのとき、地方から東京への流出も大きかったが、東京の大学を卒業して地方に戻る流入も大きかった。ところが、バブル崩壊以後、東京から地方への流れが減り続けた。とくに若い女性が地元に帰らなくなった。その理由は、地元の親、きょうだい、企業を含めた環境が「昭和」だったからだ。

「あんなところでやってられない」

それが、若い女性の本音である。増田寛也さんが『地方消滅　東京一極集中が招く人口急減』（中公新書）で指摘したのも、女性が地方に帰ってこない問題だ。若い男性は、人によっては昭和の環境が居心地がいいと考える人も多かったので、変わらずに戻っていた。しかし女性は、自らの生きやすさ、住みやすさ、働きやすさが満たされない「昭和な地方」にはまったく魅力を感じなくなっている。

地方の企業を買収すると、いまだに女子トイレや女子更衣室のない事務所や事業所があることに驚かされる。この時代に事務所でタバコが吸えるなど、昭和な風景が残る会社もある。経営者をはじめ、従業員にも残る昭和世代の中には、感覚が古く、女性社員に向かって「まだ結婚しないのか」などと言う者もいる。令和の感覚では「不適切にもほどがある」セクハラ発言、パワハラ発言を連発してしまう。

こうした「昭和な」おじさんが経営する企業には、典型的なデフレマインドもこびりついている。地方衰退の問題は、いまだに雇用がないからだと思っている。地方ほど人手が足りない現状を深く理解せず、自分たちの仕事の質、職場環境の質に問題がないか、真剣に顧みることをしない。

だから私自身、次のような会話を飽きるほど繰り返し経験している。

私「なんで若い人は東京に出ていくんですかねえ?」
昭和な地方経営者「それは地方に仕事がないからですよ」
私「ちなみに御社の人手不足状況はどうなんですか?」

昭和な地方経営者「いやー、ひどい人手不足で正社員募集中だけど全然集まりません」
私「……（あんた、今さっき地方には仕事がないって言ってたやん?）」

実際は、むしろ地方のほうが仕事はいくらでもある（都道府県別の正社員有効求人倍率で見ると東京は高いほうではない）のに、賃金が安く、昭和な環境の職場だから、人が来ない。あるいは、人がいなくなる。それに気づいて高賃金かつ令和な職場にしなければならない。だが、今さら60歳、70歳を超えた経営者に、それは難しい。できる人は、さっさと進めているはずだ。だからこそ、私は急いで新陳代謝することが必要だと言っている。

第4章　悩めるホワイトカラーとその予備軍への処方箋

根本的処方箋は自己トランスフォーメーション――シン「実学のすゝめ」

明治以来の工業化モデルがいよいよ終焉し、ＪＴＣ（伝統的な日本企業）を頂点とする戦後の終身年功型のサラリーマンモデルも衰退期に入った。その結果、多くのホワイトカラーおよび漫然と大学に進学あるいは卒業したばかりのホワイトカラー予備軍の皆さんは大いに悩んでいるはずだ。

しかし、企業自身のＣＸがそうであるように、これだけ大きな社会と経済の転換局面にあって、一朝一夕でなんとかなる処方箋など存在しない。腹を括って自分自身の生き方、働き方、武器やスキルをどうするのか、それを実現するにはいかに自分自身が変容、すなわち自己トランスフォーメーションをすべきかを考え、そのための努力を営々と続けて自らを変えていくしかない。小手先のキャリア戦略や戦術は早晩、通用しなくなる。ほとんどの場合、現状のホワイトカラーサラリーマンモデルの人材である限り、年年歳歳、世の中からお呼びはかからなくなっていくからだ。

実は前章でお話ししたアドバンスト現場人材やローカル経営人材に変容することが一つの大きな方向性なので、そこに書かれていること自体が多くの悩めるホワイトカラーの処方箋になっている。

その一方で直ちにそこに飛び込めない人、あるいは第1章で述べたアンラーン＆ラーンが瞬時にはできない人のほうが圧倒的に多いと思うので、本章ではホワイトカラーな人々、終身年功的サラリーマンな人々の立場からの処方箋、とくに新しい時代に適応するための現代版「実学のすゝめ」について少し詳しく述べておきたい。

「スキリング」と「リスキリング」――何が現代の実学か？

昨今、いわゆる「リスキリング」という言葉が流行っている。

とはいえ、言葉だけが先走りしている感が否めない。DX、CXの推進に伴って余剰人員があふれるグローバル企業のホワイトカラーがやるべきことを考えるうえで、リスキリングの本質的な意味について整理しておくのはきわめて重要である。そこで、まずは「スキリング」について言及することから始めたい。

そもそも、リスキリングはスキリングされていることが前提の議論である。だが、日本企業のホワイトカラーは「アンスキルド」と言っても過言ではない。大学時代にぼんやりと一般教養（リベラルアーツもどき）を「お勉強」しているが、ほとんどが突き詰めたところまで学んでいない。その水準では、アンスキルドにすぎない。

基本的に、リベラルアーツそのものを武器にして身を立てられる「スーパースキル」を手にできるのは、ほんのひと握りの人の話でしかない。多くの人々にとってリベラルアーツの共通価値は、もっと普遍的によりよく生きていくための基礎技能的な意味合いである。
この点、よく「リベラルアーツはいつか役に立つ」と言われる。だが、その言い方も誤っている。状況が役に立つかどうか、もっと言えば状況でその力を繰り出せるほどに身体化できているかどうかが有用性を決めるのだ。

例えば、自分の入った企業がすぐに潰れるような事態に陥ったとしたら、平時の企業で学ぶべきスキルは役に立たない状態になる。そのときにこそ、リベラルアーツがものを言う。前述の通り「よりよく生きるための知的技能」、すなわち思考や行動のベースとなるのがリベラルアーツだからだ。

リベラルアーツは、むしろマインドセットの問題とも言える。すぐに役に立つとは限らないが、ほとんどのスキルの底流にある基礎能力であり、いざというときに本質的・決定的に役に立つことがリベラルアーツと呼ばれるものである。基礎的素養と言い換えてもいいかもしれない。すなわち技法として身体化されていなくてはだめで、日本語でよく「あの人には教養がある」と言うときに使う物知り知識、うんちく知識では意味がない。

リベラルアーツには「基礎編」「応用編」がある。基礎編の基本要素は、いわゆる「言語的技能・技法」を指す。聖書に「はじめに言葉ありき」と書かれているように、人間は言語でものを考える。つまり「これが身についていないとものを考えられない」の「これ」

を指すのがリベラルアーツである。

世界で仕事をしようとすると、英語を駆使できないと話にならない。ある国でコミュニケーションを成り立たせるには、その国の言語を習得する必要がある。自然言語をマスターしていなければものを考えられないし、コミュニケーションができない。その意味で、自然言語はリベラルアーツの基本中の基本である。言うまでもなく母国言語、すなわち日本人にとっては日本語の言語能力がまずは基礎中の基礎である。読む力、聞く力、話す力、書く力は人間がものを考える根っこである。

同様に、エンジニアリングの世界では、すべて数式で表現されるため、数学という言語的技能をマスターしていないとものを考えられない。数学に次いで熱力学や電気回路についても習得しなければ、実りある思考と議論ができない。

経済活動に従事するうえでは、経済学と簿記会計が欠かせない言語になる。法的ルールに基づいて社会の枠組みが構築されていることを考えると、基礎法学もこれに入るだろう。さらには統計学や基礎的な微積分レベルの数学力も重要だ。企業の客観的・定量的評価方法は、財務数値に還元されるからだ。

以上、おわかりの通り福沢諭吉が『学問のすゝめ』に書いたような学科、古代ギリシャ時代までさかのぼればアルキメデスが築いた数学や物理などの基礎学問こそが、リベラルアーツ中のリベラルアーツ、実学中の実学なのだ。これは現代のビジネススクールの必修科目とも概《おお》ね重複する。最近の生成ＡＩは作業としての言語的技能は代替してくれるが、考えるための言語能力を身につけていないと生成ＡＩを使いこなすことはできない。だからこうした科目の重要性はこれからも変わらない。

また、高等技能教育機関で何を本当に教えるべきかについても同様で、当該技能領域で必要となる基礎的な言語的技能、肉体的技能を習得することが第一となる。その意味で専門職大学や高専ではリベラルアーツが学べないというのはまったくの虚偽である。もっと言えば次に述べる「応用編」についても、ぬるま湯のレジャーランド化している大学よりもはるかに学びのチャンスは多い。

現代のホワイトカラーサラリーマンにおすすめの学問があるとすれば、まずはこうした言語的技法を現代にアレンジして身体化することである。簿記会計は現代ならエクセルを使った財務三表の連動モデリング、および基礎的な企業財務技法（要は企業や資産の価値評価手法）の習得まで入るだろうし、デジタル空間でものを考えるときにプログラミング言語やＡＩの基本構造、基本特性を理解しておくことは必要となる。まさに福沢諭吉の『学問のすゝめ』は現代にも生きているのだ。

言語的技法のいいところは、ものを考える手段として機能するレベルまでなら誰でも時間を使って反復と丸暗記をしていけば到達できる点である。ただ、若いほど習得が早いので、今まで怠っていた人はできるだけ早いうちに習得努力を開始したほうがいい。社会人が働きながらゼロから始めると全科目習得するには早い人でも5年くらいは必要なはずだ。私が当時の言語的必須科目を概ね習得した実感を持てたのは30代半ばだった。

実はこうした言語的技法の基礎が身についてくれれば、大抵のホワイトカラーは潰しが利く人材になれる。これらはビジネスパーソンとして生きていく上で時代変化を超えて有効な「すぐ役に立ってずっと役に立つ」根本スキルであり、しかも日本のホワイトカラーの多くが身につけていない、すなわち身につければそれだけで十分な差別化要因になるからである。

また、これがしっかりしているということは、スポーツで言えば体幹、足腰、心肺能力がしっかりしていることと同じなので、環境変化の中での学び直し力、リスキリング能力も格段に上がることになる。

ちなみに、残念ながらよくあるノウハウ本を読んでも、そもそもの言語能力がなければ実践には使えない。さまざまな人生の状況に対して「最初にありき」の言葉を持っていなければ、ものを考えられないからである。急がば回れ、である。

「基礎編」を学ぶ要諦

とは言え、今さら言語能力と言われてたじろいでしまうホワイトカラーの人も多いと思うので、何点かその要諦をお話ししておく。

まず簿記会計やスプレッドシートは、ごちゃごちゃ言わずに丸暗記と反復から入るしかないので、市販の練習キットやソフトを買ってきてひたすら「借方・貸方」「モデリング」をやるしかない。かく言う自分も社会人になってから、あの伊藤邦雄先生から簿記会計の手ほどきを受け、スタンフォードの経営大学院に行っても会計理論などそっちのけでひたすら「簿記」をやらされた。モデリングも同じくである。否応なしに反復トレーニングをすることになるため、資格試験や学位を利用して動機付けを行うのは有効である。簿記会計なら簿記2級くらいが一つのいい目安だと思う。

次に自然言語の学び方だが、実は英語については中学レベルの英語で読む・聞く・話す能力が身についていればほとんどの人は十分である。これまた身体化が勝負なので、基本は丸暗記と反復によって語彙《ごい》と表現パターン、言語構造を叩き込むしかない。すなわちそんなに楽しい勉強ではないので、TOEICや英検といった資格試験を利用するのは悪くない。自分もちょっぴり帰国子女だったが、米国のMBAに行くためにTOEFLとGMATのスコアを上げる努力をしたことで英語力は飛躍的に伸びた。

ただ、外国語の習得は人によってはかなりの時間を要するので、私は中学レベルの英語でさえも職種によっては不要だと考えている。ここに来てＡＩの飛躍的進化で翻訳ソフトはすごいことになっているし、音声自動同時通訳も早晩、人間の能力を超えるだろう。それよりもまずは、母国語である日本語の言語能力を固めておくことが大事なホワイトカラーのほうが多いと思う。

そこでの鍵は「読む力」と「書く力」である。私たちの日常生活のコミュニケーションは「聞く」ことと「話す」ことで成り立っている。だから普段から随分とやっているわけで、この二点だけ切り出しても意外と伸びしろはない。人間の知的活動としては文字と文章に関わるところがより高度で、そこに能力差が出る。だから「読む力」と「書く力」の学びにエネルギーを傾注することをすすめる。差が出るような「聞く力」「話す力」はその上に成り立つものである。

ＳＮＳの時代なので短文の読み書き能力は放っておいても向上するが、ビジネスパーソンに問われる能力は、相当量のファクトを認識し整理し、一定の思考フレームワークを選択し、それらを当てはめて論理を構築する、さらにわかりやすく表現する力だ。仕事の世界で他人に物事を伝えるにはこうした最低限のファクトとロジックの「物語り」の基本構造が必要なのだ。言語化能力をセンスのように言う人が多いが、この物語りがしっかりしていることが前提で、そこから伝わりやすい語彙選択をする順番である。中身がない、中身がごちゃごちゃなものは、どう言語化してもぐちゃぐちゃである。

だから物語りの骨格はそれなりの長文になる。ざっくり言って最小単位は１５００字くらい、原稿用紙３、４枚分くらいか。大きな論文になるとそれをさらに重層構造化していく。コラムには８００字くらいのものが多いが、私の場合、いったん１５００字くらいに膨らましてから、省略のアートで語彙選択や一部論理のスキップを行い、文字数を減らしている。物語りの王様である小説も実は同じである。短編か長編かは、層をいくつ重ねるか、の違いである。

ここで重要なのは、人間にとって読んで理解できないものを書くことはできないということ。だからそれなりの長文を読んで理解する能力がないと文章は書けない。そこで本を読むこと、長文を読むこと、それもできるだけいろいろな文章を読むことが大事となる。

今まで読んだ量が少ないと思っている人は今からでも遅くはない、とにかく濫読《らんどく》せよ、である。今から振り返ると、子どもの頃に好奇心に任せて読みまくった子ども百科事典、10代に格好つけて無理やり読んだ小説や哲学書、そして楽しくて読んだコミック、20代に入って嫌々読んだ大量の法律書、30代のはじめに大量に読まされたビジネススクールの英語のリーディングアサインメントに本当に救われている。もちろん仕事柄、最低限求められるレベルは違うので、多くのホワイトカラーにとって自分が経験したレベルの訓練は必要ないと思う。しかし、日本の大卒サラリーマン、特に文系のほとんどは長い文章を読む力が決定的に足りない。

それから「書く力」も同じで、いろいろな種類、言語領域の書き下し文をたくさん書くしかない。自分の場合、司法試験の論文試験準備で嫌というほど書かされたミニ論文、ビジネススクールでたくさん書かされた英語のペーパー、そして社会人になってからも仕事柄、小難しい文章から一般の人や中高生でもわかる文章まで、四十過ぎても、五十過ぎても結構な量を書き続けなくてはならなかったことが功を奏している。

ちなみに、パワポスライドを書く力は必ずしも文章を書く力を押し上げないので要注意である。あのフォーマットはかなり誤魔化しが利くからだ。アマゾンの会議では、パワポは禁止で、書く側（提案する側）も読む側（提案に対する議論に参加する側）も書き下し文で行うことを要求されるという話は、実は理にかなっている。

ビジネスパースンとして必要な数理的言語能力

最後に数理系の言語だが、ビジネスパースンとして必要な数理的言語能力は、実は高校までの学習要領の内容で十分だ。日本の初等中等教育は偉大なのだ。この限りにおいてはそれを問われる入試システムも有用である。私の時代の「数学Ⅱ」まで身についていれば、実はデリバティブさえも基本的なことは理解できる。できれば「物理Ⅰ」もセットで有用である。これは数理言語で自然現象を表現する学域であるためだ。

自分もスタンフォード時代、大学受験で身につけた理数系学力にどれだけ救われたことか。もちろんデリバティブでご飯を食べようと思うなら、さらにその先まで専門スキルを磨かなくてはならないが、ビジネスパースンとして、マネジメント人材としてやっていくなら、今も昔も高校までの数学で十分である。

だから不安のある人は高校の教科書なり参考書で勉強し直すといい。今はリクルート社の「スタディサプリ」をはじめネット上の勉強アプリも充実している。我が国の入試システムのおかげで実に学びやすいシステムがごまんと用意されているのだ。

これはプログラミング言語も同様であり、ビジネスパースンにとってはデジタル技術をどう使いこなすかが本質的に重要なので、そのためにはコンピューターの仕組みと言語の基本構造を理解、習得することが必要十分となる。これはＡＩについても同じである。そこでコンピューターやプログラミング言語に関する基礎的な勉強を一通りやっておくことが重要となる。スーパープログラマーになるような道はほとんどのホワイトカラーにとって選択肢にならないので関係ない。ここでも学習ツールや（データサイエンスとＡＩについては私たちが松尾豊東大教授と立ち上げたＧＣＩ講座をはじめとして）研修プログラムはごまんと用意されているので、簿記会計と同じく資格なり修了証なり趣味なりで目標を設定して動機付けとし、学ぶことが有効だろう。

リベラルアーツの本質

この先でリベラルアーツ「応用編」に進むわけだが、ここでリベラルアーツのアーツを「芸術」と訳してはいけない。芸術は定冠詞をつけた「the arts」と表現される。改めて確認すると、このリベラルアーツで使われる「arts」は抽象名詞で、日本語に訳すと「技芸、技能あるいは技法」となる。だから、リベラルアーツの本質も「より自由に生きる（よりよく生きる）ための技芸、技能あるいは技法」となるのだ。

というわけで応用編では、言語的技法を使ってよりよく生きるために何をどう考えるか、その能力を身体化することが問われる。必修科目の上にこの「自由技能」の世界がある。それは、基本的な素養としての「技芸あるいは技能」を駆使し、難しい問題に対峙することを言っている。基本的な技芸あるいは技能を抜きにして、いきなり自由技能へは行けない。基本を無視して応用に行こうとすれば、足腰の立たない議論になってしまう。

「応用編」を育む要諦

私は、多くのホワイトカラーにとって基礎編こそが共通にすすめるべき学問、ホワイトカラーがトランスフォーメーションしていく上での必須重要科目だと思っているのだが、いわゆるインテリの人たちが大好きな、特にエリート教育に関して大好きな応用編のリベラルアーツ力についても参考までに触れておく。

ざっくり言えば「問いを立て」「答えを模索し」「決断する」という三要素になるのだが、私はこの力を鍛えるマニュアル的なフォーマットはないと思っている。私の出身である戦略コンサルティングの世界では「○○の問題解決」「○○のクリティカルシンキング」など、この次元での問題解決の手法がいかにもあるかのような書物がたくさん書かれている。

しかし、問いのないところに問いを立てる、正解のない世界で答えを模索することに方法論があれば、それはすでに問いのない問いではなく、正解のない問いでもない。あれは問いと正解がある世界で、情報の錯綜や不完全、あるいは問題構造が複層的で複雑に絡み合っているときに、それを整理して秩序ある世界に再構築する手法である。言わば、基礎編の言語論理能力の延長線上にある話である。だからここでの議論の対象ではない。

また、これからますます重要になる職種固有、業種固有の専門技能、高度技能も、そういった境界を越えて通用する「自由技能」としてのリベラルアーツとは少し位相が違うので、ひとまずここでの議論の対象にはしない（こうした技能についてはこの後のリスキリングのところで改めて述べる）。

そうなると応用編については「学ぶ」というよりも「育《はぐく》む」という言葉の方がフィットする。そして方法論的には基礎編をしっかりマスターした上で、ケーススタディなどのシミュレーションと実践の中でその力を育んでください、ということになる。あえて言えば「育まれる環境」として、できるだけややこしい立場、職場に身を置くことが有効で、かつ指示される立場よりも指示する立場、自分で決断する立場のほうがいいということになる。ホワイトカラーの中でもそこまでの素質（自信？）と意志、覚悟のある人は頑張ってください、という感じである。

あえて「学ぶ」に近い概念でヒントを示すなら、インプットには古典がおすすめである。本でも映画でも演劇でもコミックでも、古今東西、古典として残っているものには、人間と人間社会が抱える本質的、普遍的な苦悩や業《ごう》が描かれているからだ。これこそが我々があらかじめ正解を持てない世界なのである。ここでは読むことや観ること以上に、その世界に触れながらとにかく考えること、自分なりに掘り下げることが大事である。本を読んでいても映画や芝居を観ていても途中で上の空になってもいい、自分の妄想の世界に入って行ってもいい。とにかく考えよ。これが実践的知性を鍛えることになる。

もう一つは世の中の森羅万象に好奇心を持ち、目の前の現象からその背景にある根源的なメカニズム、route cause（根本原因）を探索する思考傾向を持つことである。

ニュートンがリンゴが木から落ちるのを見て、風が吹いたから、熟してヘタが緩んだから、で思考を止めていたら万有引力の法則にたどり着いていない。質量不変の法則に疑問を持たなかったらアインシュタインの物理学は生まれていない。ビジネスの世界にはこの手のミステリーが日々ごまんとある。こうやって次元を上位転換することで、問いが現れ、従来の次元で解決不能だった問題、トレードオフから脱却できなかった問題の答えが見えてくる、いわゆるアウフヘーベン（高次元での一新）が可能になるのだ。

町中を歩いていても、この古びていつも空いている食堂はなぜいつまでも潰れないのか？　逆にすごく流行っているように見えたファストフード店がなんで閉店したのか？　などなど世の中は不思議にあふれている。ここでそれを不思議に思うか（≒問いとするか否か）、その不思議を解こうとするか（≒正解を模索するか否か）、そしてそこにビジネス上のチャンスを感じたら行動を起こすか（≒決断するか否か）が、まさにリベラルアーツの応用編の技能訓練となる。

言い方を変えれば、個別現象の背景にある普遍的な原理原則へと思考を抽象化できるか、さらにはその反射として既存の原理原則、すなわち個別現象やディテールの現在の与件に対し、朝の連ドラ「虎に翼」の主人公、寅子のように「はて？」と疑う思考傾向を持つことが求められる。

インテリ系の教育論者はこのような自由技能の重要性を説くし、従来の日本のキャッチアップ型教育も、就職後の既存事業のオペレーショナルエクセレンスが主な仕事の会社の中での人材開発も、どちらもこの部分が脆弱になることはその通りである。

その一方で、古くからの文学作品や短歌や俳句のような表現形式にも表れる日本人の得意な思考傾向は具象化であり、微細化である。だからこそ複雑なオペレーションを集団の芸術の域まで緻密化、詳細化できる。これは努力次第で多くの人がある程度は身につけられる思考傾向でもある。

だから戦後、米国の品質管理手法を移入したとき、あっという間に我が国の生産現場は本家を凌駕して、日本は世界一のTQC（全社的品質管理）王国になったが、この30年ほどはどうにも具合が悪い。このバイアスをなんとか修正して日本人の知的生産性を高めたい、秘められた知的創造性を解放したいという気持ちはよくわかるし間違ってはいない。

しかし、数学が高度化するとほとんどの人がどこかで挫折することと同様に、物事を抽象化、普遍化するときにどこまでついて行けるか、実感を持った抽象概念を持てるか、これはやや才能と関連する部分が大きい。

というわけで、私は本項で述べた応用編の議論をホワイトカラー一般のトランスフォーメーションに当てはめるべきだとは考えていない。しかしながらグローバル企業、ローカル企業ともに応用編のリベラルアーツ力、本義「自由技芸」力を担う人材層（リーダー層、マネジメント層）があまりに薄いことは重大な課題なので、我はと思う人たちは是非とも挑戦してもらいたいし、私自身もそういうテーマの講演や授業や議論セッションにはできるだけ時間を割くようにしている。

リスキリングにまつわる誤解と問題点

リスキリングの議論に進むにあたり、まずはここまで議論してきた出発点としての（主に基礎編の）リベラルアーツのスキリングとリスキリングの関係について起きがちな誤解と問題点について改めて整理しておく。

現状、ホワイトカラーが企業で身につけてきた「スキル」と言えば、その多くは所属する企業固有の処世術である。これはシニアになるほど、地位が上がるほどそうなっていく。組織のなかでの暮らし方のスキル、AさんとBさんは仲が悪いから近寄らせてはいけない、暗黙の諒解や目に見えない手順、こうした社内をカンファタブルに生きるコツのようなものを、日本企業はスキルと呼んできた。それが上手な人を「彼は人間力がある」など褒めていた。

業務マニュアル的なものにしても、あくまでもその企業のマニュアルであるから、他の企業に移ったら使い物にならない。ホンダで使っている業務マニュアルと、トヨタで使っている業務マニュアルは異なる。とりわけ競争力に関わる価値ある部分ほど固有なため、それを簡単に横展開することはできないのである。

日本企業は、こうした産業どころか企業を越えた「共通性」がないものをスキルと呼んできた。しかし、それはどんどん使い物にならなくなっている。グローバル競争とデジタル化の時代は、競争領域を明確に絞り込み、それ以外の領域は協調領域として企業を越えて、さらには産業を越えて共通化することを求められるからである。

しかも、業務マニュアルにしても、変容のスピードが速くなり、変容の幅が大きくなると、むしろ問われるのは、業務マニュアルを何の疑いもなく墨守《ぼくしゅ》する能力ではない。業務マニュアルが変わるごとに適応する能力だ。その際、個人が持つ普礎的な「技芸あるいは技能」が問われる。

すなわち企業固有な処世術や業務ノウハウはいったん忘れて、すなわちアンラーンして、まずは前項のリベラルアーツ基礎編のトレーニング、すなわち考えるための言語をスキリングすることがリスキリングの出発点となる。一方で、これはリスキリングの前段階

図A　基礎的技能と自由技能

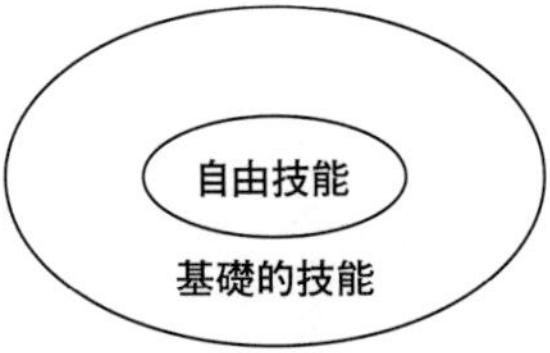

でしかない。

これからの企業社会では、業務マニュアルを墨守する能力はAIや機械に代替されていく。業務マニュアルから外れているものにどう対応できるか、マニュアルが現実に合わなくなったときにそれをどう変えるか。考えようとすると、どう考えても言語能力を持っていなければできない。リベラルアーツ力を基盤にして、その人がこれから生きていく業種や職種において、より解像度を上げて求められる言語能力、考える力は何なのか、が問われる。それこそがリスキリングで問われる技能でもある。

日本人は、スキル・技能という集合とリベラルアーツを別集合ととらえる傾向がある。現実は、ほとんどが共通集合になっている。リベラルアーツという大きな集合体があるとすると、基礎的技能のなかに自由技能が含まれている（図A）。

これは、かつてのフィギュアスケートの規定演技と自由演技のような関係だ。基礎的技能は規定演技力、すなわち基本的なスケーティングの巧拙《こうせつ》である。やはりこれは反復で頭と体に叩き込

図B1　スキル・技能とリベラルアーツ（誤）

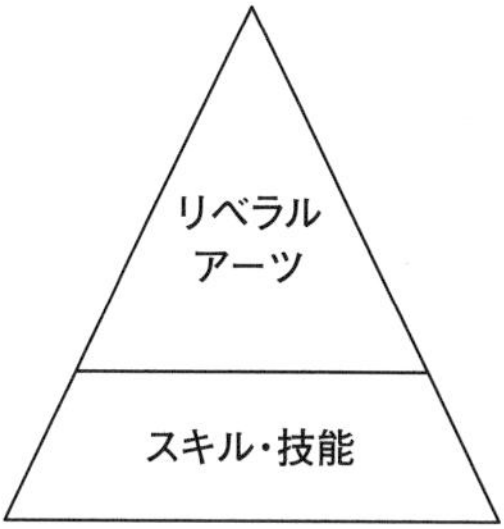

むしかない。前にも述べた通り、この構造に日本の教育体系やリスキリング体系を再構成しなければならない。現状を見れば、図B1のように誤った構造でとらえられている。

同じ脈絡でのリベラルアーツとスキルの関係についても、この構造でとらえているから、間違ったヒエラルキーをつくってしまう。技能が下で、リベラルアーツが上にあると考えてしまう。むしろ、基礎的技能が抜け落ちているリベラルアーツなど、根なし草で倒れてしまう。

あえてヒエラルキーを語るなら、リベラルアーツ基礎編が基盤部分で、その上に専門技能が乗っかる構造が正しい。基礎編は全業種共通の基盤で、その上にいろいろな専門技能が乗っかる。マネジメントという技能については基礎編の上に専門技能、さらにリベラルアーツ応用編があってその上に乗っかるイメージである（図B2）。

何度も言うが、ただの物知りだけの「うんちくおじさん」では、仕事の役に立たない。一般的な人のとらえる「教養

図B2　スキル・技能とリベラルアーツ（正）

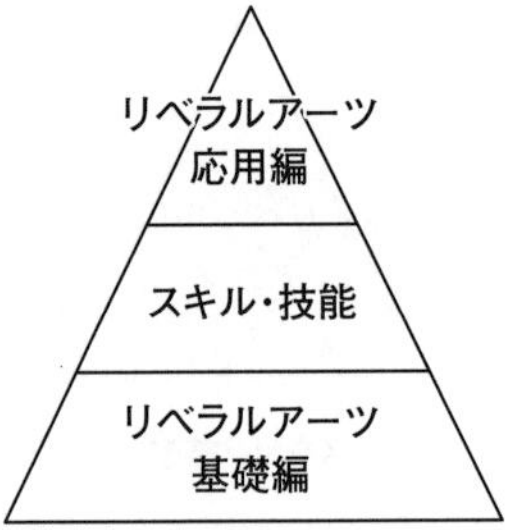

論」は、間違ったヒエラルキー構造を前提にしているように見える。

「あの人は教養がある」

実際、そう言われるときの「あの人」は、たいてい仕事ができない人の代名詞である。

ゲームチェンジングゲームが求める真のリスキリングとは

では、世間で盛んに言われる「リスキリング」とはいったい何なのか。

一般的な解を先に言ってしまうと、「リベラルアーツの基礎編をスキリングしていることを前提に、その上に乗っかっている職業技能がなんらかの環境変化で陳腐化、あるいは不要になり、新たな技能を習得する必要が生じたときに行う学び直し」、ということになる。前にも述べた古いスキルのアンラーンと新しいスキルのラーンである。

現在、日本を含め世界中の企業で起きていることを少し

図C1　企業が求めるスキルと個人のスキルは重なっていた

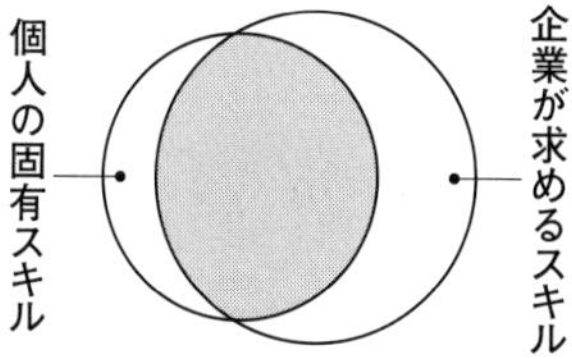

図C2　企業が求めるスキルが変わった

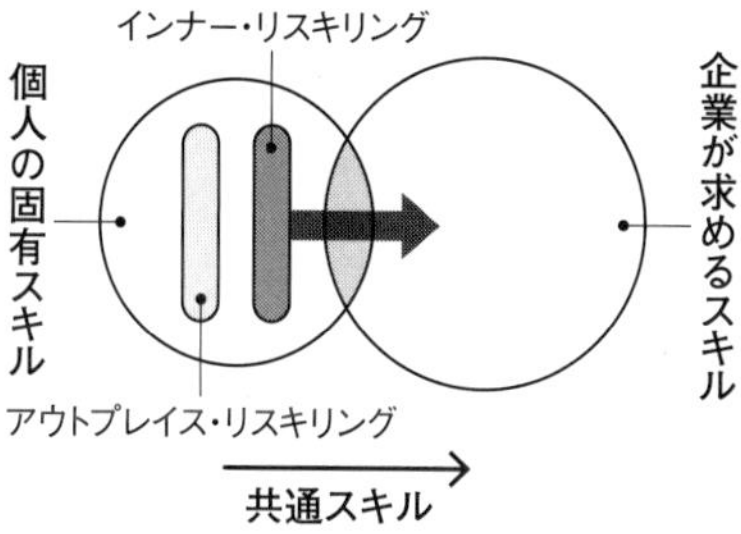

具体的に説明すると、企業で個人が使っているある種の技能群があるとする。従来は、それと会社が求めるスキルはかなり重なっていた（図C1）。しかし、今起きている現象は、会社が事業モデルを変えることで、重なっている領域から外に出て行ってしまった。リスキリングが必要となる問題状況はこうやって生じる（図C2）。

例えば、自動車産業で内燃機関から電動に変わる、付加価値の源泉がハードからソフトに変わるときは、求められることが変わる。したがって図Cの集合の範囲は一気に減る。このとき、重なりがある人は生き残れるが、重なりがない人は生き残れない。

そこで彼らが新しいゲームでも活躍できるよう、企業が求めるスキルにシフトするよう促す。これがよく言われる「インナー・リスキリング」である。

グローバル化とデジタル革命による破壊的イノベーションの時代に入り、このようなゲームチェンジングゲームが多くの産業で始まり、そこでは現有の組織能力では対抗できない。その道のプロを呼んできて（あるいは、そういう会社を人材ごと買収して）人員を入れ替えるか、あるいは現有戦力に新しいゲームに必要なスキルを身につけさせる——。現実にはこの組み合わせで対応することになる。だからリスキリングが中核的な経営課題になるし、ドイツなどでは組合が積極的にインナー・リスキリングにコミットしている。

多くの業務はむしろ共通性が高い方向にシフトしている。だから、リスキリングの中身は結果的に共通スキルの習得になる場合が多い。デジタル化の時代はとくに、こういうことが起こる。近年重要性を増している知的財産に関するスキルなどは、企業によってあまり変わるものではない。法律も裁判所も共通だから当然である。

さらには人手不足が深刻で幅広く求人が増えるエッセンシャルワーカー型の産業では、通有的なスキルこそが中核になる現場仕事が多い。だからそういった産業のインナー・リスキリングの中心も通有的なものにならざるを得ない。現場に新しいデジタルツールが入ってくる、自動化ロボットが入ってくる局面で業務も当然に変化するので、そこでリスキリングを行うという具合である。

他方で、企業で救えない人たちは企業の外に活躍の場を移さなければならない。その人たちに求めるのが再就職支援のための「アウトプレイス・リスキリング」である。こちらのほうが、産業の幅が広いために、さらに通有的になる。どうしてもフォーカスが曖昧になることと、人によって目指す方向はバラバラなので、一つの企業が有効なリスキリングプログラムをつくり込んで機能させることは難しい。

だから先述の通り、社会共通基盤的な存在である高等教育機関の役割が大事になるし、それを補助する場合も企業側に強い動機付けは生まれにくいので、公的な支援を直接、個人に対して行う北欧型の積極的労働移動政策、フレキシキュリティ（雇用の柔軟性を担保しながら、手厚い保障によって労働者の生活を守る政策）型の支援モデルが重要になる。

「カフェテリア方式」リスキリングの問題点

現在の我が国のリスキリングの問題点は、この二つの整理ができていない点だ。無秩序にリスキリングの広範なメニューを提示してしまうため、無駄で的外れに終わるケースが後を絶たない。

その原因は、企業が事業領域をシフトするとき、必要なスキルが定義されていないケースが多いことだ。企業が目指す戦略の軸や、事業モデルの概要を明確にしなければ、社員に対して必要なスキルも定義できない。

仮に、出版社が電子書籍に注力するなら、こう言わなければならない。

「これからは、いっさい紙の出版をしません」

明確に言い切らないと、定義はできない。多くの場合、そこまで言い切ることを躊躇して比較的緩やかに定義をする。すると、リスキリングの課目が必要以上に増える。このケースは「カフェテリア方式」になり、的を絞ることができずに中途半端に終わる。しかも悪い意味での「現代教養講座」のようなものが並んでしまうので、それによって時代を生き抜く実践知が身体化できるようには思えない。

つまり、インターネットで手軽に勉強できる仕組みを構築し、英語も勉強できる、プログラミングも勉強できる、あれもこれも勉強できると並べ、社員にはこう伝える。

「これからは自分の力で稼ぐことが大事だから、メニューの中から自由に選択し、勉強してください」

ところが、社員の側からすれば、何から勉強していいかわからない。そのため、企業が提示したメニューはほとんど使われることなく、うやむやになる。また、そもそものスキリングが弱い、基礎的言語力が弱い人が、この程度の「お勉強」をやったからといっても使い物にはならない。これが、現状の日本企業に多いリスキリングの状況である。

「社員に全然使ってもらえないんですけど、どうしたらいいでしょう」

企業からは、そんな相談がある。しかし、結局この問題は、企業のトランスフォーメーションのゴールが定義できていないことから発生している。本来は、トランスフォーメーションしたいからこそ、この議論が始まるはずだ。しかし、トランスフォーメーションについて社員に対して厳しいことを言うと社内が動揺するので、逡巡《しゅんじゅん》してしまう。

当然、カフェテリア方式で多くのメニューを出されても、社員側も企業側が逡巡している様子が手に取るようにわかるから、一生懸命やっても意味がないと見切ってしまう。ましてやアウトプレイス・リスキリングなど、怖くて腰が引けてしまう。

リスキリングという言葉を使ってもいいが、どちらかというと曖昧な状態で、言葉だけが踊っている状況があるのではないだろうか。

リスキリングは企業の責任か、個人の責任か

こうなってしまうのは、企業側も社員側もお互いさまである。企業は「漫然とホワイトカラー」の中から出世した人たちが経営している。ジョブ型雇用によるプロフェッショナ

ルが生み出す付加価値と、それに対する報酬という対応関係をつくらずに成功したのが過去の日本だ。社会が変わり、対応関係をつくらなければならない状況になったときに、これまで自分がそういう世界で生きてこなかったから、困ってしまうのが実情だ。

日本以外の国では、学校を出て就職する時点から自分に値段がつけられる。米国ならハーバードやスタンフォードと、平均的な大学では同じ企業に就職できたとしても初任給が違うし、ハーバードの中でも差が付く。その値段を上げるための努力を重ねて、彼らは高額の報酬を勝ち取ってきた。日本では、そのような経験を持った人はごく少数だ。

世界的には、ジョブ型雇用が基本である。もともとジョブという企業横断的な性格を持つ職能で人を雇うので、能力開発を行おうとすると自然と通有的なスキルが中心になる。だからそれは他社でも使える技能になる、ひいては転職の引き金を引きかねないなどとは懸念しない。むしろ魅力的な能力開発プログラムをOFF-JT（職場以外での研修や学習）、OJT（職場内訓練）ともに持っていることを採用やリテンションの売りにしようとする。

私がビジネススクールに留学した30年前、日本企業の人事部がMBA取得者の転職に頭を痛め、徐々に派遣留学生を減らしていったこととは発想がまったく逆である。90年代中頃、某有名企業の人事担当役員と、この問題で大激論をしたことを覚えている。

某役員　「今さら米国の経営から学ぶことなんてないし、MBAなんて取らせると転職するやつが多いから留学支援はもうやめる」

私　「それは申し訳ないが思い上がりに思えるし、辞められてしまうような処遇しかできない会社の側の問題のほうが大きいんじゃないですかね」

某役員　「それは経営の現実を知らないコンサルタントのたわ言だ。留学できない社員もたくさんいるんだから、これが日本式の人を大事にする経営なんだよ」

私　「……（ケツの穴の小さいこと言うおっさんやなあ）」

あれから30年近くを経た今、どちらが正しかったかは歴史が証明してくれている。結局、産業構造の変化の中で、日本でも雇用慣行は徐々にジョブ型に変わらざるを得なくなり、頻繁にジョブシフトも起こり、転職も若い世代を中心に優秀な人材ほど当たり前になった。人材を獲得しリテインするためにも充実したリスキリングが必要となっている。

今や日本企業の対人材投資の少なさは先進国の中では突出し、給与面でも教育投資面でも低レベルに甘んじている。これが知識集約型産業で欧米はもちろん、最近では新興国企業に対しても劣位に陥っている根本原因である。有為な人材に通有性の高いスキルを身につけさせず、企業固有スキルで終身ロックインするという「釣った魚には（逃げないように）

餌をやらない」調の「ケツの穴の小さい」人材経営はもはや成り立たない。

新しい時代においては、そもそも人材経営、人的資本経営の次元で、ビジネスモデルの変化や事業ポートフォリオ構成の変化の中で、将来に向けて企業がどのような人材像を期待するのか、明確に提示できなければならない。しかも、人材もポートフォリオなので、一種類ではないはずだ。「優秀な○○（企業名）マン」などという曖昧なものではなく、今後、生き残りそうな職種やジョブ、プロフェッションを想定しながら提示していくべきだ。そのうえで、ジョブの栄枯盛衰があり、ジョブからジョブへのシフトを継続することを前提に考える必要がある。そこでギャップを埋めるために行うのがリスキリングになる。

従来型の日本企業ほどメンバーシップ型雇用であるため、ジョブ型のリスキリングとはもっとも遠いところにある。だからリスキリングメニューもカフェテリア型のぼんやりしたものになりがちだ。高等教育の体系も、すべてメンバーシップ型につながっているので、道は遠い。そもそもスキリングの部分、すなわちリベラルアーツの基礎編が脆弱なので、リスキリングはその前のスキリングの段階から射程に据えるべきだ。

これは日本社会の非常に根幹的な問題なので、目を背けるわけにいかない。企業経営者、個人がそれぞれの役割で力を尽くす必要がある。ただ、個々の企業や個人の動機づけだけでは動かないことがあるので、政府の役割も重要になる。制度をつくるのは政府の役割なので、三位一体の努力が求められる。とくにアウトプレイスメント（再就職支援）のように企業や業界の壁を越えての労働移動、ジョブシフトを支援する役割は重要だ。

否応なく真剣にリスキリングを行った人たち

とはいえ、最後の最後は個人の責任になると考えておいたほうが安全だ。もっと言えば個人の主体性がないと、ホワイトカラーが安全地帯ではなくなる時代における長い人生は、かなり厳しいものになる。

結局のところ、政府がどこまで機能するかはわからない。そもそも政府は簡単な仕組みではないので、民主主義だろうが独裁だろうが、そう単純には機能しない。一方の企業は政府に比べればフレキシブルだが、政府と同様に経路依存性の罠にはまる。制度化された存在だから、個人よりもはるかにフレキシビリティに欠ける。

時代の変わり目は、制度化された組織ほど動きが鈍くなる。だからもっとも身軽な個人が自らの責任で備えておくことが身を守ることにつながる。最後は政府が救ってくれる、最後は企業が救ってくれると思っていると、思わぬしっぺ返しを食うだろう。

興味深いリスキリングの例として、1998年に相次いで破綻した日本長期信用銀行や日本債券信用銀行のケースが挙げられる。

バブル崩壊以後、不良債権処理に絡んでさまざまな投資ファンドが日本に押し寄せてきた。不良債権や不良資産を買い取り再生する、いわゆる「ハゲタカファンド」も含まれていた。行員たちの多くは、破綻と同時に一斉にリストラ、あるいは将来展望ができない職場からの転職をしたから、相当数がそうした投資ファンドに行った。その多くは30代後半から40代だったと思う。当時は金融不況だったから、国内に転職先はない。そもそも、当時の銀行はほかの銀行の行員を中途で採用することはほとんどなかった。だから、海を渡ってやってきた黒船に乗るしかなかった。

彼らは会社が潰れ、厳しい状況に突き落とされ、自分のスキルと価値を真剣に考えざるを得なくなった。言わば、自分の人生をはじめて自分で選択しなければならなくなったのである。奥さんも子どももいるなか、どうやったらより条件のよい仕事が見つかるかを真剣に考える。そこでもともとMBA留学で通有的スキルを有していた者、あるいはもともとの金融スキルの上に投資業務を学び直し、ファンドに転職して活躍した人たちは結果的に大きな成功を収めた。今、彼らの多くは大金持ちにもなっている。要は中年になっても本気でやれば、バブル崩壊後の大不況の時代でも道は拓けるのである。

長銀や日債銀のケースは、潰れて行き場がなくなったから、否応なく真剣にリスキリングを考えざるを得なくなった事例だ。似たようなことが、さまざまな産業でジワジワと起きているのは間違いない。だが、まだ会社は潰れていない。リストラもされていない――。だからこそ、あらかじめ考えておくべきだろう。前もって考えている人のほうが選択肢は多く、フットワークも軽くいろいろなところへ移って行ける。

最近は、優秀な人材がそれに気づきはじめている。会社側は、優秀な人材を引き留めるために必死になって給料を上げている。給料体系を多様化させてもいる。新卒の一括採用・給与同額の制度も、現実には崩れ始めている。

逆に管理職になることを拒否する人が増えているのは、管理職になって付加価値を出せなくなると、リストラの対象になることを本能的に察知しているからではないか。多少給料は高くなるかもしれないが、上からの圧力と下からの突き上げ、ハラスメントに対する疑心暗鬼でストレスが溜まり、その割に他社に移っても通用するスキルが磨かれない。だとしたら、そこそこの給料でいいから、年収に合わせた自分の人生を設計したほうがいいと考えるのかもしれない。

管理職になることを拒否することで、その空間で生き残ろうとする。それこそが、時間さえかければ誰でも部課長になり、定年まで勤め上げられるシステムが崩壊しかけている一つの証左とも言える。

そしてＡＩによってもっとも駆逐される可能性の高いデスクワークが販管費（販売費及

び一般管理費）にあたる人件費、つまりは中間管理職系と顧客対応系の仕事である。むしろ生産現場やロジ関連、対顧客でもフィールド対応は、リアルな技能職、本書で言えばよりローカル型の職種なので生き残る可能性が高い。逆に出世するなら中間「管理」職を超えて中間「経営」職、すなわち自ら課題提起をし、自ら解を模索し、自ら決断して指示を出す、ミニCEO型の経営職を目指さないと危険である。

いずれにせよ以前に比べてホワイトカラー採用は確実に減っている。少子化で若い世代が減っていても、採用人数も絞られているので、狭き門には変わりがない。その狭き門を突破しても主体的なスキリング、リスキリングをやっていない人材はどんどん厳しい状況に置かれていく。最後は24時間疲れずに働くＡＩと競わなければならないかもしれない。

昔のような「漫然とホワイトカラー」を増やす流れは終わったので、ホワイトカラーになるにしても技能職としての能力が求められるようになる。いや、経営職も一つの技能職、プロフェッショナルなので、技能職しか生き残れない空間になっていく。その中にはホワイトカラーの枠を超えたノンデスク技能、現場技能も入ってくるかもしれない。つまり「どこの大学を出たか」ではなく、「何ができるか」を問われるようになる。そうなると、スキリングとリスキリングの重要度は、さらに増していくに違いない。

ホワイトカラーの生き残り策——経営職かアドバンスト現場人材か

ざっくり言えば、管理職ではなく経営職まで駆け上がり、ＡＩと競うのではなくＡＩを使う立場になるか（大企業で経営職になるか、中堅企業に転職して経営職に就くかを問わず）、前章で述べたアドバンストな現場人材としての技能を磨く方向に転じるか（大企業内であまり管理職的な出世はせずに現場のエキスパート系で勝負するのもこの一類型）、である。

しかし、我が国の多くのグローバル企業では、過去、ホワイトカラーをマネジメント人材、経営職として育成するための適切な訓練を行ってこなかった。だから本当の意味で経営職として鍛えられていない人材が多い。

例えば、ローカル企業で経営に近い仕事をしようとすると、「田舎の駅長さん」のような仕事をしなければならない。現場作業員、中間管理職、経営者の仕事を、すべて一人でやらなければならない。他方、グローバル企業では立派だったかもしれないが、分業前提の仕事しか経験していないホワイトカラーは、役に立たない。それぞれ歩の仕事、香車の仕事、銀の仕事はできても、将棋指しとしては一人前ではない。

今、数多あるローカル企業群は有能な経営人材を求めているし、その限界効用も極めて大きい。その経営人材の潜在的な供給源は、マネジメントができる元ホワイトカラーだが、真の経営者の役割である将棋指しになれる人材は少ないのだ。このミスマッチを埋めるのがリスキリングの大きな課題である。

グローバル企業のホワイトカラーには基礎能力が高い人が多いので、いったん目線を下げ、マネジメント人材としては初心者であるという自覚のもとにアンラーンを行い、そこから仕事としての経営を見つめることで道が拓ける場合は少なくない。

ただし、経営人材で勝負しようと真摯《しんし》にラーンを始めると、多くの場合、リベラルアーツ力の欠如、しかも基礎編の段階から自分の技能力は怪しいことに気付くはずだ。ましてや応用編はもっと怪しい。

大組織で「俺は人間力（＝リベラルアーツ力？）があるんだ」というおじさんで、中堅・中小企業で人間力を発揮できた人物を私は見たことがない。基礎編がちゃんとできて、田舎の駅長さん的な業務をこなせてはじめて人々は人間力を評価してくれる。それでも大組織ホワイトカラー空間で人間力だと思っていたことが通用することは滅多にない。真の意味でのリベラルアーツの応用編、どこでも使える「自由技能」を修得することは生半可なことではないのだ。今までの経験値に頼らず、経営職になる前もなった後も、真剣勝負で、高レベルでのスキリングとリスキリングに粘り強く取り組むことが必要である。

アドバンストな現場人材を目指す場合も同じ問題が起きる。もちろん持ち前の基礎能力の高さはプラスに働くが、ホワイトカラーが通常身につけていない専門技能が問われるし、それを継続的に磨き続ける必要がある。ここでの技能の多くは肉体的、身体的、対面的な要素もあるので、反復で頭と心と体に叩き込む努力が求められる。

やはりホワイトカラーの経験値の多くはそのままでは役に立たない。また、リベラルアーツの基礎編が脆弱だと学ぶ力そのものが弱いので苦労することになる。結局、目線を下げ、頭を下げてアンラーン&ラーンをする道筋はたどらなくてはならない。人によってはスキリングの段階に謙虚に戻る必要があるだろう。現場である世界を上から見下ろしている限り道は拓けない。結局、安易な道はないのだ。

いずれの道を進むにしても、まずは、自分の持っている能力のうち、何が使えて何が使えないか、それを整理することから始めるべきだ。自分のどんな能力と才覚とスキルで稼いでいるか（いないのか）。それを正しく自己認識し、できると確信する人はローカルの世界でも役に立つ。それ以外の人は、新しい職場に移っても、残念ながらさえない「転校生」で終わる可能性が高い。そうならないためには謙虚に学ぶしかない。

まずは自らの「付加価値」力の自己検証から

大企業のホワイトカラーという職種は、付加価値（なぜ自分の仕事に対価を払ってもらえるのか）を測る物差しが明確になっていない。そのため、自己認識が容易ではない。

そのときに必要なのは「もらっている給料分の付加価値を出しているか」である。ありきたりの基準だが、結局、最後はお金の問題になる。自分の給料相当分の売り上げや粗利を顧客からもらえる仕事をしているか。あるいは自分の給料相当分のコストを削減して付加価値を生んでいるか。会社から見て、自分に給料を払って余りある価値を提供できているか。つまり、経済的に貢献しているかという点が重要になる。

しかし、これまでの終身年功制のもとでは、就職した瞬間からそれを考えなくなる。自問自答しなくても、何となく過ごせてしまうからだ。しかも、新卒一括採用では同期の給料に差がないため、その問題に対峙する必要がない。とくに大企業になるほど、それが見えにくくなる。

今、企業はフィードバックを盛んに行っている。しかし、フィードバックによってその人の「現在地」が明確になることはあまりない。なぜなら、フィードバックする側の上司も「漫然とホワイトカラー」で生きてきた人たちだからだ。むしろ、フィードバックをする人たちのほうがかえって危ない。高給でありながら付加価値を生んでいないというアンバランスに陥っている可能性が高いためだ。

現場で仕事をしている若い平社員のほうが、むしろわかりやすい。モノを売ったり、モノをつくったり、サービスを提供したりしているから、具体的に付加価値に貢献していることを認識しやすい。ところが、出世し、偉くなればなるほど、曖昧になっていくのがホワイトカラーの世界だ。管理職になるほど付加価値を生むことが難しいため、多くのホワイトカラーは管理職になるほど無能に近づいていく。

そういう意味で、フィードバックシステムを日本型の終身年功制の中で行うにはミスマッチがある。終身年功制はクビにならないという大前提があり、メンバーシップ雇用のため、そこにいること自体に価値があるという前提が生じている。

会社のシステムが堅固で、その仕組みさえ守っていれば付加価値を生めるのなら、それで大きな問題は起きないし、この仕組みは集団オペレーションを調和的に行うための穏便な動機づけ手段として合理性もある。

例えば、ひと昔前の電力会社であれば、日々、着実に電力をつくり、顧客に電気を送り届けていることで済んだ。システムを滞《とどこお》りなく運営してさえいれば問題はなかった。そこでは予測可能性が高く、年功型を前提としたフィードバックシステムには合理性があった。しかし、そういう状況に慣れると、自分が付加価値を出せているかどうかを毎日のように自問自答することに意味はなくなる。

しかし今や、電力も怪しくなってきた。発電と送電が別々になり、産業構造や事業構造が変容していくと、漫然と昨日と同じように今日の仕事があり、今日の仕事と同じ仕事が明日も続くというわけにはいかなくなった。

真面目にコツコツと仕事をしていれば、確実に自分の給料が上がることが所与ではなくなる。それが進んでいくと、最後は会社の形が変わる可能性もある。そのときにはじめて、一人ひとりが検証され、付加価値を出しているかが問われる。

突き詰めると、自分がいないと業務が回らなくなるかという問いが始まる。ホワイトカラーの現実で言えば、中間管理職、販売管理関係の半分ぐらいはいなくても困らない。これは企業再生屋として、私自身の経験的知見である。ということは、その半分の人たちは自分の給料分の仕事をしていないことになる。

今後、ますますそれが浮き彫りにされていく。そのとき、少なくとも自分の身を真剣に守りたいと思うのであれば、こうした自問自答ぐらいはしておかないと生き残れない。自問自答している人は、深く考えながら仕事に取り組み、深く考えながら自己分析し、足りない部分をリスキリングすることになるだろう。それを積み重ねている限り、不要な人になる確率は低い。万が一にも企業が潰れた場合、自己定義ができていれば次の仕事は見つかりやすい。売り込む際に、自分に何ができるかを説明しやすい状態になっているからだ。

もっとも困るのは、自己アピールのときに漫然としたことしか言えない人だ。

「私は日本航空の部長としてマネジメントをやってきました」

「カネボウの課長としてリーダーシップを発揮してきました」

本人はそれが「ウリ」になると思っているかもしれないが、第三者からすると、その人のできることがまったくわからない。曖昧な人物評価でも雇われるほど、世の中は甘くない。困っているローカル企業の経営者は、人を見る目がもっとシビアである。企業の生き死にのリアリティが違うからだ。

ブルーカラーやエッセンシャルワーカーは、現場で具体的な仕事をしている。実際にやっていることと、その人のスキルは対応しやすい。しかし、ホワイトカラーはぼんやりと広範囲の仕事をしているため、漫然とその状態に身を任せていると、人に語れる自分の強みが何もないまま時間だけが過ぎていく。何度でも言うが、本当に気をつけるべきだ。時間だけは絶対に返ってこない。

ホワイトカラー自問自答の方法

では、具体的にホワイトカラーはどのように自問自答をすれば生き残れるのか。

答えは明確だ。雇う側の立場、金を払う側の立場に身を置いてみることに尽きる。メタ認知の問題である。自分のようなスキルセットや能力を持っている人、経験を持っている人を、自分が受け取っている給料で雇いたいと思うかどうかを熟考するのだ。

たいていのビジネスの経済性として、その給料の2倍から3倍程度の対価を最終顧客から稼げる仕事をしなければならないのだが、自分の仕事にそれだけの価値があるかどうか、経営者の立場、顧客の立場から見つめてみる。

そのときに大事なのは、いったん自分から離れることだ。

「こんなに毎日頑張っているのだから」

「朝から晩まで身を粉《こ》にして働いています」

そのような視点を持つと、正確さが鈍る。浮世は現金なもので、努力は褒めてくれるが、金は払ってくれない。現役のホワイトカラー社員なら、もし企業が経営危機に陥り、人を半分に減らさないと潰れる状況に陥ったとき、自分はどちらの半分に入るのか、自己検証してみよう。あまり考えたくない内容であり、考えるのもつらい作業であり、基準や指標が明確ではないが、どうしてもやっておきたい。

しかし、この作業、すなわち誰かが自分にお金を払ってくれて自分が食っていけるかどうかの検証は、プロフェッショナルとして独立した個人事業主や零細企業の経営者なら普段の生活で誰もがやっている作業である。自分の食い扶持《ぶち》と直結するためだ。

すべてのビジネス、すべての企業は、ここから始まっている。巨大企業のパナソニックですら、はじまりは町の小さな電気屋さんである。そして、大企業の社員であっても、消費者の立場においては、メタ認知側の行為、すなわち何かの対価として大事なお金を払う作業は誰でも毎日行っているはずだ。

すなわち多くの人は、毎日のようにお金を払ってモノを買ったり、サービスを買ったりしている。お金を払う立場で考えたとき、自分はどのように判断しているか。

「なぜ、こんなまずいものに1000円払わなければならないのか」

「こんなにおいしい料理だったら、1万円払ってもいい」

そういう基準で考えているだろう。経営者は自分が経営する会社の資金を使って人を雇う立場だから、その人に対して自分がお金を払う気になるかどうかが基準となる。

日本の教育システムの問題もあるが、これは本来、自分の人生のなかで考え続けるべき質問だろう。海外のように、ジョブセキュリティがない社会のほうが、よくも悪くもそれを考えざるを得ない状況に置かれている。

「明日から、きみは来なくていい」

いつ何時そう言われるかわからない状況に置かれれば、そのことを常に真剣に考える。もし、ことさらそういう圧迫をして心理的安全性を害する職場ならブラックであり、従業員のモチベーションも下がるので、人的資本競争力を失う。人手不足時代においては衰退する会社であるだろう。一方で、個人の立場からこれを真剣に問い続けることは、極めて重要だし、仕事に対する本当の尊敬や健全な誇りの源泉になる。大事なお金を自由意思でコストプラスの対価として払ってくれるほどの価値がある仕事をやっているからこそ、価値があり、尊いのである。

もちろん人間の評価、仕事の評価はお金がすべてではない。私自身はキャリア選択においてお金の優先順位をむしろ意識的に下げてきた（理由は私の他の著書で読んでいただきたい）。しかし、浮世で飯を食って生きていく上で、自己検証、自己評価をするための客観的な評価軸としてお金が極めて有効なものであることは間違いない。そして、人手不足の時代になるほど、外部労働市場において雇う側の搾取余地は減り、対等に近い取引市場になっていくので、案外、フェアな定量指標なのである。

経営の最小単位は、自分自身の人生であるはず

海外では多くの若者は大学に入る段階から自問自答する。大学の入学金や授業料は日本の大学の比ではないほど高額だから、自分が高額な費用を負担して大学に入ることで、どれだけのリターンを得られるかを考える。4年間、あるいは6年間という時間的な機会損失を上回るだけのリターンがあるか。

そのリターンを認識するうえで、成長を含めた自己検証は欠かせない。それをやってい

ないのが、日本の大学と大学生である。たしかに、海外に比べて日本の大学は学費が安い。また、従来型の日本企業の採用スタイルは、新卒一括・給料均一のメンバーシップ型採用なので、大学で学んだ成果の高低は評価対象外だし、企業固有スキルや文化を叩き込むには白地状態の方が都合がよかった。しかし、もはや学費の問題だけではなく、社会に出て生き残るという観点から、日本の大学もこれまでのような甘さを払しょくしなければならない。

日本でもかつて社会全体として貧しかった昔の大学生のほうが、真剣に考えていたかもしれない。多くの人はお金がないために進学できず、就職して稼ぐ状況があった。その状況でも進学できた人たちには、4年間の機会費用の感覚があったのではないか。

私たちの世代くらいから後は、当時と比べて比較的豊かになってきた時代だから、自問自答しなくてもなんとなく生きてこられた。だからこそ、深く考えずに漫然と偏差値の高い大学へ行こうとする競争が今でも行われているのだ。

小学生から塾に行き、中高一貫の有名中学に入り、猛勉強して東大を頂点とする学歴ヒエラルキーのなかに潜り込み、就職活動をする。漫然と偏差値の高い大学を目指し、卒業後は漫然と有名大企業に入ることを目指し、漫然とホワイトカラーを目指す。少しでも偏差値の高い大学に入れば就職に有利になると信じて、その実現のためのパスを走ってきた。

こうした社会で生きてきた人たちは、自分の付加価値力について真摯に自問自答する機会を奪われてきた。

アメリカの子どもたちは、大人になる通過儀礼として、小学生のときに自らレモネードをつくって近所で売るという。自分で何かをつくり、自分で売る行為はきわめて重要な体験になる。売るために何をすればいいか、お金を稼ぐことの難しさを知るなど、社会に出てから役に立つ経験を幼少期からしている。

日本の社会は、お金儲けは汚いと忌避する人が多い。しかし、すべての公的サービスであろうと、税金というお金で回っている。お金という大事なものを、どうしたら払ってもらえるのか。本当はその問いについて、学校教育においても学ぶべきなのだ。

就職するときも、少なくとも日本の新卒一括採用では初任給が同じになるが、日本以外の国は出身大学、成績によって変わる。20代前半から、プロスポーツ選手と同じような交渉を行っている。仕事を続ける限り、その行為を繰り返していくので、交渉のテーブルにつくための自己検証をおろそかにはできない。

経営の最小単位は、自分自身の人生であるはずだ。自分自身の人生さえ満足に経営できないのに、どうして他人さまの集合である企業を経営できようというのか。自分自身の経営さえできないのに、部員や課員のマネジメントができるだろうか。

ホワイトカラーの多くは、自分の食い扶持を自分の才覚や能力で稼がなければならないという感覚を喪失している。その代わり、努力賞で評価されようとする。毎日休みなく通っているから、これだけ苦労しているから、これだけもらうのは当然ですと主張する。しかしそれは、世界基準で考えると異常な感覚と言わざるを得ない。

しかし、本書で多方面から指摘した通り、我が国の経済と社会は、歴史的な大転換点に入っており、これまでの常識やプラクティスは静かに崩壊の時期に近づいている。1867年頃の大半の日本人は、おそらく士族も庶民も、10年後には幕府も藩もなくなり、士族身分もなくなり、逆に庶民も正式な名字を名乗り、兵隊になる時代が来るなどと微塵も想像しなかったはずだ。

20代、今どき「Gの世界」でも通用する力を身につける逆説的アプローチ

若いホワイトカラーというと、海外の大学に行き、そこで世界に接して、バイリンガル高学歴なプロフェッショナルになるような道が語られるが、そのアプローチの効用(自分自身も人生の半分くらいはそういうキャリアパスだった)は肯定しつつも、ここではあえて逆説的な方法、ローカル経由でグローバルリーダーを目指すアプローチを紹介する。

ビジネスパーソンの世界の議論としては、要は「ボス力」(自ら問題を提示し、答えを模

索し、決断し、組織を動かして実行し、その結果を背負う人）をどう鍛えるか、である。リベラルアーツ論なら応用編の「自由技能」力を経営的局面において発揮できるようにすること。この力は業界、企業、国境を越えて通用する力である。

そうだとすると、大企業の歯車で10年、20年経験を積むより、中小企業のナンバー3、ナンバー2、社長の右腕のほうが、短期間ではるかに実力が身につく。

基礎的能力の高い若手を、いきなり大企業の経営企画部門に配属すると、たいした実力もないのに勘違いすることが多い。現場の生々しいあれこれを経験せず、急に偉い人になったと勘違いすると、物事を抽象的にしか見られなくなる。生身の人間がのたうちまわる空間を経験しないと、物事を具象で見られなくなる。そうして、役に立たなくなる。

かといって、長期間現場で地べたを這いつくばっても、経営はわからない。なぜなら、経営は具体と抽象を行き来する作業なのに、一方の俯瞰的視点が身につかないからだ。すでにお話ししたように、中小企業の経営者は「田舎の駅長さんモデル」だ。兵隊の仕事も、下士官の仕事も、参謀の仕事も、司令官の仕事も、多機能でやらなければならない。結果、さまざまな仕事を、きわめて凝縮した形で濃厚に経験できる。若手が成長するうえで、ローカル産業の中小企業は最適な場所なのである。このことに国内外の違いはない。

この点では、スタートアップの経営にも同じ効果がある。

スタートアップは事業の成功、失敗に焦点が当てられがちだが、人材にフォーカスすれば人が育つ場所である。とくに、苦労するとなおさらだ。既存の中小企業でも新しいスタートアップでも、経営者あるいは経営者の近くで仕事をするキャリアパスが、本当の意味でのマネジメント層で生きていきたい人にとっては、有力な選択肢である。若いうちならそうやって現場仕事と経営仕事の両方をこなしながら、概ね20代の若者たちは、切実な必要性を感じてリベラルアーツの基礎編の習得を行える。「鉄を熱いうちに打つ」ために、実に最適な場所なのだ。

アメリカでは「Venture For America」という取り組みが大きなムーブメントになっている。起業家を志す優秀な大学生を2年間の期間限定でスタートアップや中小企業の経営幹部として派遣し、事業の拡大や改善を目指す取り組みである。それに影響を受け、2018年に設立されたのが「ベンチャー・フォー・ジャパン（VFJ）」である。

VFJは、ローカル産業の中小企業に若者を事業責任者として派遣する。2年間の経験によって、自らの責任で判断を下す能力を養うことが狙いだ。大手企業の守られた環境とは比較にならない厳しく濃密な環境に身を置くことで、大企業では10年かかる経験が、2年に圧縮して学ぶことができる。

小松洋介代表理事は、大学生のキャリアが就職か起業しかないことに疑問を感じ、その中間にある「ステップアップ起業」を選択肢の一つとして育てたいと語る。一人で複数の役割を担う「駅長さんモデル」を経験することで、ローカルの世界の課題とその解決策を模索しながら成長していく。若者を受け入れるローカル産業の中小企業にとっても、優秀な若い人材が不足している中、経営者の参謀役を受け入れることで、会社としての課題解決や人材不足を補う狙いもあるという。

若者は、経営と現場を同時に経験することでもっとも早く成長する。近年は社内ベンチャーを立ち上げる方法もあるが、上層部からのチェックと評価を気にするあまり、思い切った思考と行動が抑制されてしまうことが多い。結果責任を自ら受け止めることにもならないため、思うような成長が望めない。その点、ローカル産業の中小企業であれば、経営と現場を同時にかつ濃密に経験できる。

すでに述べたように、ローカル産業は賃金水準が低いため、レベルの高い大学で学んだ優秀な人材が中小企業に行くことは少ない。どうしても大企業偏重に陥る。VFJが活性化すれば、優秀な若手人材がローカル産業の中小企業に流れることにつながる。

すでに多くの若手人材がローカル産業の中小企業に派遣され、その経験をもとに起業したり、大企業に入ってリーダーシップを発揮したり、中にはそのまま中小企業に残って事業を継続したりする人も出てきている。

もちろんそこから欧米のビジネススクールに留学する、あるいはグローバルモデルのベンチャーに転職して、Gの世界に飛び出す若者も出てくるはずだ。実際、米国のVenture For America はそういう人材を多く輩出している。

ＶＦＪで彼ら彼女らが身につけるものは、もっとも普遍的に通用するリベラルアーツ基礎編と応用編の両方である。見方を変えれば、ある種の高等教育の延長線上にあるもの、元祖オックスフォードやケンブリッジに負けない究極的なリベラルアーツ教育だと言える。同時に最高のストリート・スクール・オブ・ビジネス、リアル版ＭＢＡでもある。

このＶＦＪの取り組みは、これからの日本にとってきわめて示唆に富むものであり、ＩＧＰＩグループとしては若者の初期トレーニング面や経営面、私自身は理事の一人として、全面的に応援している。

いずれにしても、こうした動きを日本中で加速させないと、ブルシットジョブにはまる人が増えてしまう。

このムーブメントは、ローカル企業の生産性向上にも貢献する。基礎的素養を持った人材がグローバル企業一辺倒でもなく、あるいは外資系コンサルティングファーム一辺倒でもなく、中堅・中小企業の経営に関わる動きが盛んになれば、企業そのものの新陳代謝にも、人材の新陳代謝にも、経営者の新陳代謝にもつながっていく。

よそ者、若者が流れ込むのは、生産性向上にとって非常に重要だ。さまざまな分析で言えるのは、基本的に新しい会社は総じて生産性が高いことだ。新しい会社、新しい事業は、新しい人たちがつくっていく。

Gの世界を目指すにせよ、Lの世界を目指すにせよ、10代、20代の若い人たちは、積極的に経営の近く、それも経営と現場の距離の短い職場で仕事をすることを考えてほしい。

30代のキャリア戦略——WILLとCANとMUSTの観点から考える

30代の人は、そろそろ自分のできること（CAN）が見えてくる時期である。やってて気分のいいことも、気分の悪いことも何となく見えてくる。そのとき、自分が愉快に生きていけるWILLとMUSTはどこにあるのかを見つける必要がある。

仕事において、WILLとCANとMUSTが重なっていれば、人生はかなりの確率で愉快になる。しかしそれは、今所属する企業にはない場合も多いので、そこから自分のキャリア戦略を真剣に考えていかなければならない。

企業のなかでも、今は「お手挙げ制」を採用しているところも多く、どのポストに手を挙げるかという選択肢もある。アフター5でさまざまな勉強をし直すことも含め、キャリア戦略は30代半ばぐらいまでには考えておきたい。

20代でキャリア戦略を固めるのは難しい。検討するうえでの材料と経験が足りないからだ。むしろ、20代は給料をもらいながら勉強しているようなものなので、自分を高めることに集中したほうがいい。日本の教育システムではほとんどの若者は職業人としては極めてナイーブな状態で就職するので、最初の3年間くらいはどこでも社会人としては成長する。ただ、これだけだとリベラルアーツ基礎編は脆弱なままになるリスクがあるので、そこは冷静に自己評価し、危ないと思ったらとにかく勉強しておくことだ。

3年、5年、10年と日々仕事をし、30歳の声を聞くころになると、少し長い時間軸の視点と会社の中での自分の立ち位置についての俯瞰的視点、その中での自分を考えられるようになる。そしていろいろな疑問や問題意識が生まれてくる。そこでまず持つべきは自分にとってキャリア戦略が必要だという認識だろう。ただ、ほとんどの場合、まだまだ考えは浅く、視力も弱いので、ここで結論を急がない方がいい。むしろキャリア戦略の選択肢を増やすための基礎技能習得のほうが大事である。留学など海外の学校で学ぶ機会も、その脈絡でチャンスがあれば挑戦したらいい。

仮にこの頃合いに友人から一緒に起業しないか、と誘われることがあった場合、私はそれに乗ることは否定しない。ただ、起業の十中八九は失敗すること、多くの場合、駆け出しのホワイトカラーの若者がそのまま役に立つ余地が小さいことは覚悟したほうがいい。

むしろ後で述べる経営修行としてそこに身を置く、先はまだまだ長く、人生は二転三転することを踏まえて飛び込み、当てが外れてもそれこそ我が意を得たりと一生懸命仕事し、そこから何かを学ぶことをすすめる。

こうして30代半ばにもなると、世の中のことも自分のこともわかるようになってくる。本当の意味での社会人になる頃合いなので、そのタイミングで自分の人生やキャリア戦略について真面目に考えておきたい。

そのとき、従業員の「こんなことを勉強したい」「あんなことをもう一度やり直したい」というリクエストに対し、企業側は必要な選択肢を用意すべきである。人的資本勝負の時代だからだ。定年まで働く選択をしたいのか、どこかの時点で企業を卒業し、次の道を歩みたいのかという要望について、これからの企業はニュートラルであるべきだと思う。その人にとってベストな選択を後押しすることが求められる。

人手が不足するこれからの時代に、企業と従業員はお互いにウィンウィンでないとうまくいかない。企業として従業員に期待するMUSTと、従業員のWILLとCANが合わなければ互いに不幸になる。ブルシットジョブに我慢してしがみついている人は、間違いなくモチベーションが低い。メンタルのトラブルにも陥りやすい。それでは、企業も本人もハッピーではない。そうして5年、10年を過ごすと、確実にキャリアは狭まってくる。

よいアサインメントにも巡り合わない。

それを回避するためには、WILLとCANとMUSTについて個人が深く考えることと、これは先ほどの「自らの付加価値力」の自問自答そのものである。それだけでなく、個人のキャリアプラニングを企業もニュートラルに考えながら、外部へ出ていく選択肢も提供するべきだろう。転職などとんでもないという考え方は捨て去るべきだ。それによって、従業員の自社へのエンゲージメントが高まり、優秀な人材が集まりやすくなる。

場合によっては、いったん出てもまた戻って来られる制度にすればいい。出入り自由にすることを、これからの企業の基本的な枠組みにする必要があると思う。

新しい時代において従業員と企業がともにハッピーになるためには

現在のように激しいゲームチェンジが起きているときは、仕事の内容そのものが変質する。CFO（最高財務責任者）になりたいと考えた人が、これまでのように同じ企業の経理部や財務部に所属したからといって、CFOにはなれない。

今までは財務経理担当役員をCFOと呼んでいたが、現代のCFOにはそういう役割が求められているわけではない。リソース・アロケーションの意思決定者なので、決算を滞りなくやればいいという話ではない。

そうなると、企業内の財務経理の仕事をしているだけでは、CFOにたどり着けない。CFOに連なる仕事ができないのであれば、会社を飛び出してベンチャー企業のCFOになるなど適切なキャリアを重ねたほうが、有能なCFOになれる可能性が高くなる。まさにジョブ型モデル、プロフェッショナル型モデルだ。

CFOは定常的に投資家と対峙し、資金調達をしなければならないうえ、投資家からの意見やクレームに対応しなければならない。企業内の経理や財務にいるより、はるかに実務が鍛えられる。同じ企業で頑張り続けることだけが、本人にとっても企業にとっても必ずしもハッピーではないのだ。

企業としては、これからどのような人材を求めていくのかというビジョンを準備すべきだ。きれいごとではなく、ある能力やスキルを持つ人がどのくらいの人数必要になるかを明確にしなければならない。全員にチャンスがあるという甘言は無意味だ。

従業員個人がどのようなキャリアビジョンを描くのか。それを企業としてもサポートするべきだろう。両者が重なり合う領域があってはじめて、従業員が企業で仕事をし続ける選択肢が生まれる。重なり合わなかった場合は、無理に残るのではなく、それぞれの道を歩めばいい。従業員個人と企業が本音で、正直に、率直にキャリアビジョンを共有することが、これからの企業にとって重要な人的資本経営スタンスになる。

中堅人材にもローカルシフトのムーブメントが始まりつつある

中堅世代のグローバルモードのホワイトカラー人材からローカル産業へと転身する動きも、少しずつではあるが起こっている。

ある勉強会で知り合った若者は、経済産業省の役人という「大きな仕事」から、ローカル経済における「小さな仕事」に転身した。家業の保育事業への移籍である。

これまでのデフレ的均衡の時代は、国家公務員やグローバル企業のエグゼクティブから家業を継ぐ人はなかなかいなかった。国家の仕事やグローバルの仕事は格が高く、ローカルの仕事は格が低いという印象が強かったからだ。

しかし、若い人からそうした根拠不明な格付け感はなくなりつつある。

その若者は伊藤貴紀《いとうたかのり》氏という。東京大学経済学部卒業後、2014年に経済産業省に入省すると、JIS法改正、次世代モビリティ「空飛ぶクルマ」の社会実装を目指すプロジェクトなどの仕事に携わった。2018年8月には、企業間レンタル移籍プラットフォーム「ローンディール」を利用した経済産業省の「経営現場研修」に入省5年目で選ばれる。これは中央省庁初の試みで、排泄予測デバイスを開発するベンチャー企業DFree（当時トリプル・ダブリュー・ジャパン）に出向し、社会の課題をビジネスや技術で解決しようとする経営現場のリアリティを体感した。

入省から9年が経った2023年、伊藤氏は経済産業省を退職。母親が経営する株式会社かえでに入社する。かえでは、千葉県を中心に24か所の認可保育園を運営する企業で、保育事業を中心に関連事業も手がけている。

その一つが、生活困窮等のために満足な食事ができない子どもを支援する取り組みである。そのような家庭を支援する取り組みとして「こども食堂」があるが、こども食堂は地域に開かれた存在として困っている家庭の役に立つ一方で、支援を届けたい家庭にとっては足を運びにくい場合もあるという。また、自治体が支援の必要な家庭と認識しても、さまざまな理由から支援を届けられない場合がある。そこで、自治体等と連携し、そうした家庭に食料品を提供する取り組みを始めた。保育事業にとどまらず、地域のパブリックな存在として社会保障の一翼を担うとともに、これまでの経験をかけあわせながらソーシャルグッドと事業性を両立する新たな事業を興すべく、日々飛び回っている。

伊藤氏がローカル産業に転身したのは、家族が事業を経営する姿を間近に見てきたからだ。せっかく家族が築いた事業だから、自分なりに引き継いでやってみたいという思いもあった。しかも、保育事業は日本が抱える社会的課題の中心に近い領域で、事業を通して課題を解決していくこと、現場から政策的な提言にもつなげて課題が生まれにくいような社会構造を目指すこと、未来を担う人材を育てることなど、興味ある分野に思えたという。まさにホワイトカラーからエッセンシャルワーカーセクターへの転身だが、経済産業省時代の多様な人たちとの仕事やある種ホワイトカラー的な複雑な調整業務を経験したことで、さまざまな人の視点や多様な角度で物事を見る習慣が身に付き、それが今の仕事でも生きている。

ローカル産業は、社会的課題と近接している。その課題を解決しようと思うと、基本的にはシンプルにはいかず、多様なステークホルダーが関わるものになる。市民の立場から見たら、ローカル企業から見たら、役所から見たら、グローバル企業から見たら、ベンチャー企業から見たら……。それぞれの立場にそれぞれの見方がある。経済産業省時代にさまざまな立場を経験したことで、多様な視点と角度が課題解決に役立っている。

ホワイトカラーを経験した立場から伊藤氏は、ホワイトカラーに従事する人へ、転職しないで働き続ける前提、転職して別の仕事をする前提、それぞれの働き方を想像しながら働くことを勧める。仕事を通じて何を成したいのか、何を得たいのか。今の環境で夢中になれるものがあるか、別の場所に移ればできることがあるのか。それを考えることは、常に自分自身のことを内省し、社会と自分、仕事のつながりを考えることにつながる。そして、意思をもって実際に足を動かして自分の身体で感じることを増やすことで、自分なりの働き方も見え、目の前の仕事からも多くのことを学びとることができるようになる。

伊藤氏も、ローカル企業は仕事の線引きが明確でなく、どちらかというと随時、臨機応変に対応しながら仕事をする側面が強くなるという。そこに溶け込んで仕事をするとなると、より柔軟性が求められる。

それは、ホワイトカラーとして与えられたルーティーンの仕事を積み重ねることだけでは一朝一夕にはできるようにはならない。だからこそ、仕事を通してどう社会と関わるか、そのために今の仕事や次の仕事をどのように位置づけて取り組むかを考えながら、主体的に働くことが必要となる。ローカル企業に転身しなくても、そのように考えて一つひとつの仕事を肯定的に捉え、自分なりに機転を利かせていくことやその中で培われる能力、経験はホワイトカラーの職場でも武器になる。

フラットな感覚ならではの可能性

サーチファンドも、グローバル産業とローカル産業の架け橋の役割を担う。

サーチファンドは、将来、経営者を志す個人が、投資家の資金を活用しながら既存の中小企業のM&Aや事業承継の主導的役割を果たす仕組みである。さらに、自ら承継先企業の経営にも参加する。すでにある事業基盤を生かし、新たな取り組みも導入するなど、有能かつ新しい経営者によって飛躍的な再成長を目指している。

サーチファンドには、30代を中心に若い経営人材が率先して申し込んでくる。最近はとくに、ローカルの中小企業を経営したいという若い人が増えている。この傾向を見ても、若者にとっては歪んだ格付けの感覚はなくなってきている。

そもそも、グローバルが一流で、ローカルは格下であるという見方は、インターネット以前の世界観である。当時、世界はフラットではなかったから、海外は遠く、一流の人しか行けなかった。だから、海外に行くのはすごいという印象があった。

しかし、今は正反対だ。インターネットによって海外は遠いものではなくなり「海外か国内か」という世界観で価値に優劣をつけない。こういう時代になると、隣の部屋にいても海外にいても、ほとんど変わらない。その感覚は、若年層ほど強い。

組織も大きさによって価値が決まるのではなく、すべてフラットになっていて、ジェネレーションZ（1990年代半ば～2010年代初頭に出生した世代）になると、すべてがフラットという感覚を持っている。

「今どきの若いやつは、海外に行かない」

そんな苦言を呈している世代は、もはや古い。おじさんたちが若いときよりもはるかに海外の情報を持ち、フラットに海外を見ているのは彼らのほうだ。ジャパンバイアスがかかっているのは、むしろおじさんたちのほうだ。

かつて海外留学をしなければ得られなかった情報やスキルは、今はネットで簡単に手に入る。教育レベルやナレッジの格差はなくなった。言語の問題も、翻訳機能のアップで簡単にクリアできる。だが、世界は変わってきているのに、教育システムや労働市場の仕組みは年配者がハンドリングしているため、ギャップが著《いちじる》しい。

現在はちょうど境目で、デジタルネイティブはまだ人口の2、3割ぐらいだ。彼らのようなデジタルネイティブが多くなれば、おそらくシーソーは倒れる。それを待っていてもいいが、40代以上の人が変わることで、その動きは加速する。

40代以上、能力やスキルをリアルに棚卸しできるか

というわけで問題はここからだ。40代以上のホワイトカラーは何をすべきか。

そもそも40代以上は、就職活動時に採用が少なかった「氷河期世代」である。自分たちに責任はないのに、アンフェアな扱いを受けてきた世代なので、いわゆるグローバル企業のホワイトカラーになれたことは、ある種の「僥倖《ぎょうこう》」という認識がある。

しかも、紆余曲折はあったかもしれないが、40代、50代になっても新卒で就職した企業にそれなりの処遇で居続けられている。そうなると、とにかく定年まで居続けることがモチベーションとなり、今さら自己検証への動機が生まれない人が多いだろう。

しかし、このままでは、そうしたホワイトカラーこそ仕事がなくなる。不当な扱いを受けてきた世代をさらに突き放すようで忍びないが、やはり35歳モデルと同様に、今からでも遅くないから自己検証を行うべきだ。

ただ、35歳モデルと異なるのは、40歳を過ぎると「固有名詞」の転職市場に放り込まれてしまう点だ。35歳ごろまでは、転職先の企業に必要なスペックさえ満たしていれば転職ができる。ところが、40歳を過ぎると即戦力としてバイネームで求められる。

これはプロ野球の人材獲得構造で見ればわかる。身体的能力が問われるアスリートのため、多少年齢はズレるが、20代の選手であれば「球が速い」「長打力がある」「守備がうまい」など、野球選手としてのスペックでトレードが行われる。しかし、30歳を超えた選手はスペックでは獲らない。ベテランになればなるほど「○○選手が欲しい」という固有名詞での指名になる。

したがって、現時点で所属する企業でキャリアパスが見えているのであれば、それに乗っていく選択肢もある。しかし、信じていたキャリアパスの目論見が崩れてしまった場合、手遅れになる可能性は捨てきれないから、やはり自己検証は行って、潰しが利くようにスキリング、リスキリングはしておいたほうがいい。

必ずやっておいたほうがいいメタ認知的な自己検証は、ビズリーチでもいいし、就職エージェントでもいいから、そこに登録して転職市場での自分の評価、自分のような年齢とスペックの求人状況を確認しておくことだ。今どきの20代、30代は多くがこれをやっている。若い世代は意外と一種の客観的自己評価をしているのだ。もちろん前にリベラルアーツ基礎編で示した科目について資格試験を受けたりするのも自己検証の手段の一つだ。

おそらく厳しい現実を突きつけられるだろうが、すべてはそこから始まるのだ。

今後のキャリアパスが怪しいと思っている人は、自分という人間は企業からどのように評価されているか、この企業で価値を生み出せるかどうか、自分という固有名詞は外部労働市場ではどう評価されるかなど、自問自答を重ねるべきだろう。これは年齢を重ねるほどシビアに行う必要がある。年を取るにつれ変容力は下がり、周りも即戦力性を期待するので、今の能力、技能レベルの認識は正確に把握しなくてはならないからだ。

結果、厳しい答えになったとき、取り得る選択肢は二つだ。一つは、誰に何を言われようと、周囲から蔑《さげす》まれようと、徹底的に企業にしがみつく作戦だ。成功するかどうかはわからないし、リストラの憂き目に遭うこともあるだろうが、とにかく逃げ切るための手立てを必死に考えることである。そこでは先述した、むしろ管理職的な出世は避けて現場エキスパートとしてリスキリングを継続しながら生き残る選択肢もある。

それはさすがに難しいと思うのであれば、自分が固有名詞として価値を持ち得るようなフィールドを探すことである。恐れる必要はない。ローカル産業で活躍している人のなかには、意外にも40代、50代で転職しているケースが多い。前に述べた経営人材という選択肢もあるし、観光業などのアドバンスト現場人材という可能性もある。

例えば、きわめて「インターパーソナルスキル」に秀でていて、さまざまなタイプの人と分け隔てなく上手にコミュニケーションができる能力も、ローカル産業の中堅・中小企業にとっては魅力的な能力の一つだ。

ローカル産業にはホワイトカラーの世界のように同質的なタイプばかりが働いているわけではない。コミュニケーション能力が低い人もいれば、学歴がない人も、いわゆる「マイルドヤンキー」もいる。そうしたさまざまな人と、それぞれの言語空間でコミュニケーションが取れるのは、一つの立派な才能であり、能力である。

ホワイトカラーの空間では見過ごされてきた能力も含め、自分の持っている能力やスキルを必死に探したほうがいい。そして、その能力やスキルをどこで生かせるかについて本気に、真面目に世の中を眺めながら考えることが必要になる。

相当程度の内省モードに入らないと、能力やスキルの棚卸しは難しい。正確に解析できないと、転職には失敗する。転職コンサルタントが高額な代金を取って懸命にやる作業なので、そうした経験のない個人がそう簡単にできるわけではない。もちろん会社がそういう機会やサービスを提供してくれているなら大いに利用したらいいし、先ほど述べたように専門のサービスを自ら利用してみることもすすめる。

経営人材とアドバンスト現場人材とを比べたとき、勝率が高いのは後者だろう。前者のハードルの高さはすでに述べた通りだが、後者は求人数が圧倒的に多いので、可能性が高いのは当然だ。丸の内や大手町で働いていたホワイトカラーは、どうしても同じ場所で次の道を探そうとするが、そもそも人手の余剰感があるグローバル企業で、求人はそうそうない。あの空間だけでどうにかしようとしても、選択の幅はかなり狭まってしまう。

窓を開けて外を見れば、日本は広い。オフィスの狭い空間で生きてきた人たちは、外に出て世界に広く目を向けてほしい。社外のいろいろな人と付き合い、キャリアについてもフランクに話せる仲間を増やしていったほうがいい。そうすると、世の中には自分の知らないことが日々起きていることがわかる。

定年退職した人が、会社から放り出されると、本当の意味での社会性がないことに気づかされる。そのとき、アイデンティティが崩壊するケースがある。

そのような悲しい目に遭わないためにも、できれば40歳に達する前から準備をしておいたほうがいい。どちらにしても、早い段階で自己検証し、外の世界に関心を持つことで、新たな世界が広がるはずだ。

第5章
日本再生への20の提言

国、組織、個人のレベルでの再生の要諦は何か

最終章では今まで述べてきたことの再整理を含めて、大きな構造変化の中で、日本社会が古来持つ、固有の強みを生かしつつ社会的、経済的に再生していくために、国、企業や組織、個人のあらゆるレベルでトランスフォーメーションを進めるための要諦20項目を簡潔に提示したい。したがって本章の名宛人《なあてにん》は政府だけではなく、産官学金労とすべての個人への提言である。

①歴史的な大転換期の認識を共有せよ

よくも悪くも令和の日本はおそらく明治維新以来の歴史的な大転換期に入りつつある。

少なくとも経済的には大量生産工業化モデルはいよいよ終期に近づき、イノベーション力、デジタル軸での事業創造力と人的資本、無形資本が成長力を規定するようになっていく。これは「モノづくり」産業でさえ例外ではない。他方でグローバル化のパラドックスで日本のような先進国内においてはローカル経済圏が相対的に拡大し、そこに従事する人々の増加も不可逆的に進む。この経済圏の主役は中堅・中小企業であり、現場人材であり、ぼんやりとホワイトカラーサラリーマンな人の居場所はほとんどない。

さらには産業革命の最終段階とも言うべき、人間の大脳新皮質の代替・拡張フェーズに

入ったＡＩ革命がデスクワークの縮減に追い打ちをかける。

また、国家単位で強烈なインパクトを持つのは、少子高齢化の長期進展でいよいよ日本が本格的な人口減少、取り分け構造的な労働供給制約の時代に入ったことである。

社会的には女性が学び働くことで自己実現するのが当然と考える人々が男女ともに圧倒的多数派となりつつあり、産業構造的にもそれで不都合なビジネスモデルはほぼないし、労働力不足時代においてそれを否定すれば、ますます状況は厳しくなる。少子化対策もこれを所与としない限り機能しない。

こうしたことが重なって、明治の富国強兵で萌芽し昭和の高度成長期に完成した日本型サラリーマン組織モデル、カイシャと終身年功ホワイトカラーサラリーマン（マン＝男性正社員）が経済をけん引し、社会の安定化装置にもなるモデルの終焉は近い。幕末の士族階級の黄昏《たそがれ》のような話だ。これらの変化はいずれも不可逆的であり、イデオロギーでどうこうなる問題でもない。

明治初期、政治的には封建国家（幕藩体制）から中央集権近代国家（廃藩置県）へ、経済的には農本経済から工業化へ、社会的には兵農分離の士族身分制と（庶民は）職能共同体社会から「国民皆兵」と家父長型家族社会へと大転換したが、今、我々はこれに近い大転換期にいる。国、企業、各種組織団体、そして個人に至るまで、あらゆる次元の日本人が、かかる大転換が着々と進んでいる認識を共有する必要がある。

②豊かなローカル、強いグローバルの国を目指せ

今後、日本社会がよりよい社会（より多くの国民がそれぞれに豊かに愉快に暮らしていける社会）として持続するには、7割を占める（今後、おそらくはその比率を高めるであろう）ローカル経済圏（ローカル型産業が形成する経済圏）が豊かでなくてはならない。これはより多くの日本人の幸福や人生の充実度に関わる問題であり、生産性の向上と消費力の持続性の循環という脈絡では、経済の適度な持続成長の条件にもなる。それを目指す上で支障となる障害や既得権益はどんどん取り除くべきである。

他方でグローバル経済圏の競争はますます過酷になり破壊的になり、そこに地政学的な複雑性、流動性も重なって難しくなる。ここで戦い抜くには、真に企業固有の優位性、組織能力の強みを理解し、そこに立脚した「深化」と「探索」の両利きの経営を続けなくてはならない。ここでなんと言っても強化すべきは、果敢な決断、冷徹な意思決定を適時的確にできるリーダー層人材、グローバルクラスのイノベーションとコーポレート・トランスフォーメーションをけん引できるトップクラス人材である。そのためにはグローバルクラスの切磋琢磨が肝要であり、国籍、人種、性別、年齢を問わず、日本社会と日本ベースの企業体やスタートアップにグローバルクラスの人材が集まってくる環境整備（日本で育った人材については世界のトップの舞台に飛び出して学び競う機会も）が必要となる。

この二つはまったく矛盾せず共存可能であり、同じ人間が生活や人生の局面でローカル側にもグローバル側にも身を置くので、本来むしろ相互依存的である。そういう国、そういう多元的な社会をこれからの日本は目指すべきである。

③人口減少の危機的局面を国と社会の再生の梃子とせよ

国であれ、企業であれ、人が余っている状況で大きなトランスフォーメーションを行うことは短中期的に大きな犠牲を伴う。明治維新における最大の懸案は失業した旧支配階級である士族の雇用問題だった。これが征韓論から西南戦争に至る騒乱の根本的背景だった。しかるに今の日本は少子高齢化型の人口減少で構造的、恒常的な人手不足の時代に入っている。したがって国と社会のありようを再設計し変容させることで生まれる犠牲は極めて小さい。むしろそれで解放され救われる人々の方が圧倒的に多い。

現代のリーダーたちはこれをチャンスと捉え、勇気をもって経済と社会のトランスフォーメーションを加速しなければならない。

それを阻むのは、明治から160年来の上からのキャッチアップ型近代化の残滓と、昭和の戦後復興期から60年来の大量生産工業化サラリーマンモデルの時代の残滓、そしてこの30年のデフレ不況と人余りの時代の慣性である。これらは人々のマインドセット、慣行や制度のあちらこちらに沁み込んでいるが、これを打破して方向転換するのは社会各層のリーダーの仕事である。

言い換えれば今の日本に守旧的なリーダーは必要ない。せっかくの大好機を活かすべく急進的に改革を進められるし、進めないと少子高齢化問題はやがて国家消滅、国民消滅の危機、この国と国民生活の持続性の危機へと悪性転化する。

かつての大久保、西郷、木戸のようにリーダーは革命家であるべき時代なのである。

④シン列島改造論のすゝめ――人口８０００万人時代に「多極集住」で「密度の経済性」を実現できる国づくりを

デジタル革命でサイバー空間がシームレスに拡大した結果、国も企業も大きな再設計、トランスフォーメーションを求められている。人口減少問題も、地方の過疎化問題も、人手不足問題も、産業構造の転換の問題も、パンデミックや自然災害への対応も、すべてサイバーレイヤーとリアルレイヤー、ソフトとハードの二層が存在する前提で根っこから諸々を再設計、再構築する必要があるし、おそらくそうしないと解決しない。

ローカル経済圏とグローバル経済圏の連動性、協働性もそこに大きく依存している。わかりやすい例が、グローバル人材がローカルに居住するリモートワークや2拠点居住である。ローカルでリアルな観光業や「食」産業がグローバルに展開するときにもサイバー空間の存在が大きな役割を占める。

また、少なくとも8000万人程度への人口減少が所与のなかで、美しい日本の国土を守り、そこで安全かつ豊かに暮らしていくためには、辛抱強くコンパクト&ネットワークで中核都市と幹線道路沿いへの集住を進め、それに合わせてハード整備とインフラメンテナンスをサイバー技術・デジタル技術と連動して高効率に行うことが必須となる。国土（ハード）づくりの変容は、その上での住まい方、仕事の仕方（ソフト）の変容と連動しなくてはならない時代なのだ。こうした国づくり、国土づくり、社会インフラづくりは、これから主流となるローカル経済圏において鍵となる「密度の経済性」を人口減少時代に実現し、付加価値労働生産性と賃金を向上させるためにも重要な条件となる。

そして東京一極集中の抑制とコンパクト&ネットワーク単位への多極集住化を進めることは、大災害に対する国土強靭化と少子化対策にも効いてくる。

かつての右肩上がりの時代、1972年に田中角栄内閣は列島改造論を打ち出し、太平洋ベルト地帯で成功した工業化モデルを全国津々浦々に横展開していった。これは大きな成果を生み、集団就職による若年層流出で人口が減少していた地方でも人口は増加に転じた。令和の今、人口減少時代の新たな列島改造、右肩下がり時代のシン列島改造論が求められているのだ。

二層化の脈絡で、伝統的な地方分権論、道州制などの議論もデジタルの存在を前提に再構築する必要がある。サイバー軸、デジタルレイヤー軸は明らかに国家レベルで標準化したほうが望ましく、逆にリアルレイヤーの行政サービスは集住を進めながら、リモート技術などのデジタルイノベーションを活用しつつ車で1時間以内に行ける単位のほうが有効かもしれない。いずれにせよポストデジタル革命、ポストAI革命の立ち位置で、国も企業も大学など各種団体や組織も、自らの形の根本的な再設計、トランスフォーメーションを急がないと、大転換期に生じる多くの深刻な問題に対処しきれなくなる。

⑤あらゆるレベルで新陳代謝を加速せよ

大転換期とは今までの常識や前提が通用しなくなる時代ということである。今までのリーダー層、シニア層は古いルールの中で生きてきた。古いルールに適応することで生活できたし、出世もできた。これはグローバルな大企業もローカルな中堅・中小企業も同様だ。大学や各種協同組合のような非営利の組織や団体も同じである。国や地方自治体などの政府部門でも同じことが言える。だからどうしても現状維持バイアスが働く。

他方でこのパラダイム転換は極めて包摂的に多くの人々に、および多くの点で我が国に大きなチャンスを提示している。

このチャンスを摑もうとすれば、やはり「よそ者、馬鹿者、若者」の力が不可欠、いやそういう人たちに新しいビジネスモデル、政策モデルをリードしてもらうべきなのだ。政府、大中小の企業、組織、個人のあらゆるレベルで新陳代謝を加速すべきなのだ。

個人のレベルでは労働の流動性を高め、主体的なキャリア戦略を持って自らの能力をより有効に発揮できる人生を送ること。そんな人生を企業や産業を超えてつくっていく時代にしなければならない。人手不足時代の到来はその必要性と可能性を極めて大きくしてくれている。

民間の企業や非営利組織のレベルでは、淘汰再編とスタートアップによる文字通りの新陳代謝は必須だが、それを進めてもデフレ不況人余りと違って長期失業が大量に生まれるリスクはない。むしろ賃金が上がり、勤務条件もホワイトになる人が増える。

この30年間、我々は新陳代謝を抑え、高度成長期に生まれた終身年功型の企業や職能をそのまま守ることでデフレ不況と人余りを耐え忍んできた。その結果、成長力や所得の伸びは停滞し非正規雇用も増えたが、「停滞なる安定」となった。しかし、人手不足時代とインフレの時代に入り、我々は「実質賃金低下による停滞なる貧困（停滞なる不幸）」か「新陳代謝による実質賃金上昇（活力ある幸福）」かの分かれ道にいる。目指すべき道は明らかだ。「停滞なる安定」のための制度、慣行、すなわち新陳代謝を妨げるものを可及的早期に除去しなくてはならない。

政府は企業救済型の補助金や金融支援をやめる。金を出すなら「強きを助け弱きを退かせる」出し方をする。中小企業経営者の退出コストを下げるために個人債務保証は撤廃する。債務超過企業のM＆Aや再編をスムーズに行うために多数決による私的整理を可能にする。最低賃金制度では企業の支払い能力よりも生活レベルの向上と保証を最優先する……等々。

⑥古来の伝統からつながる江戸の庶民の世界観、社会観、人間観を再評価せよ

新陳代謝だの労働の流動化だのと言い、家父長モデルや男性中心サラリーマンモデルの終焉などと言うと、一方でいわゆる米国的「新自由主義者」、他方で「リベラル左派」的なレッテルを貼られそうだが、私自身はむしろ古くからの伝統的な日本社会のありよう、江戸時代でも人口比の9割以上を占めていた庶民（町人、農民など）の生き方、社会観、家族観を再評価すべきという立場である。

現代のカイシャという仕組みは終身年功制の雇用形態である。これは言わば身分に近く、江戸時代であれば藩が存在し、そこに所属していれば俸禄がもらえる士族だけに存在した仕組みに近い。唯一の違いは世襲が約束されていないだけだ。それ以外の庶民はむしろ職能共同体や農村共同体に所属するジョブ型雇用であった。伝統という意味ではこちらのほうが、はるかに歴史が長い。カイシャシステムの確立は高度成長期以降だからたかだか60年の歴史しかない。ホワイトカラーサラリーマンモデルをトランスフォーメーションする今の動きはむしろ伝統回帰なのである。

男性正社員モデルと家父長モデルとが背中合わせになっていることとの関連では、昨今話題の選択的夫婦別姓問題も同様である。よく伝統派か、リベラルか、という対立構図で議論されるが、江戸時代の庶民目線からは違う世界が見えてくる。

夫婦同姓の強制は、列強の脅威にさらされていた明治政府が、上からの近代化、特に富国強兵を急ぐため、同じようにキャッチアップ型の近代化を進めていたドイツに倣って「家」、すなわち正式な名字で定義される「家」と「戸籍」（人籍ではなく戸籍という言葉自体が家すなわち一戸一戸の世帯を基本単位にしている）を国民統制の基礎単位として導入したことによるという話はすでに紹介した。だから庶民目線からは比較的、最近の制度なのである。この国の長い歴史の中で、庶民階級は姓などなしに豊かで温かい家族を育んできた。正真正銘百姓出身の我が「冨山」家も同様だ。

河竹黙阿弥《かわたけもくあみ》や鶴屋南北《つるやなんぼく》が描く歌舞伎の世話物（当時の現代劇）に出てくる庶民は、欲望に正直で、色恋金で忠義や徳目がゆらゆら揺れる人たちだ。男色の話も少なくない。立川談志が落語について語った人間の業《ごう》丸出しの社会である。だから盗み、殺し、不貞、心中、裏切りと何でもありで、恨みつらみの因果は巡り、善悪一如《いちにょ》。説教臭い勧善懲悪話はお呼びではない。

庶民階級の女性の多くは仕事をしていて、商家の女将さんや女中さん、農家のお嫁さん、働かない職人亭主ために内職をするおかみさん、そして芸者さんや花魁《おいらん》さんも皆、職業婦人である。そして職業を変える人（転職する人）もちょくちょく出てくる。いわゆる専業主婦的な人は士族階級の奥方くらいだ。

基本、飯を食うリアリズムに日々対峙する、プラグマティックで多彩で自営業的な人たちである。だらしないようで、芯はしっかりしていて、家族や仲間を大事にし、ときにそれを守るために命も投げ出す義理人情に厚い人たち。映画「男はつらいよ」の寅さん一家のような人たちだ。

こうした人たちが浮世絵、文楽、歌舞伎と、世界に誇る芸術や現代でも通用するエンターテインメントを生み出した。何より中身が多様性にあふれカラフルである。そして創造性、独創性にあふれている。明治時代初期の錦絵がとてもカラフルなのは、こうした多様性、独創性がまだ生きていたからだろう。

これに対し、明治以降、富国強兵で欧米列強に直線的にキャッチアップするには、いろいろな意味で均質化、標準化、階層化が必要だったし、それはそれで当時の国益上の合理性があった。

昭和の高度成長期にもなんとなく持てはやされていた、お家（カイシャ）第一だの忠義（愛社精神）だのは、もともとは徳川政権が士族階級に対する統制倫理としてつくり出したものが多く、これに比べ戦国時代以前の武士階級の行動パターンは極めて功利的で節操がない。だからこそポスト戦国期に政権の安定のために堅固な倫理規範が必要だったわけで、明治期に導入された家父長制をはじめとする日本人の社会観、家族観に関わる法制度や慣行は、こうした士族階級の規範とマッチしたこともあってうまく機能したのかもしれない。

そしてこれが戦後のカイシャ幕藩体制的な経済社会モデルにも部分的に当てはまり、男性が終身年功身分の正社員サラリーマンとして家計を支え、女性は主に家で主婦業と母親業を担うという標準家庭モデルはその延長線上で定着したように思う。

しかし、日本初の女性裁判所長になった三淵嘉子《みぶちよしこ》さんをモデルにした朝の連続ドラマが好評を得たことからもわかるように、さまざまな社会調査では、若い世代の女性が目指す人生モデルは「働きながら結婚し子育てもする」が多数派で、専業主婦モデルは圧倒的少数派になっている。一人の独立した職業人として生きていく上で、旧姓を選択できることには明らかにメリットがある。

子どもが困ると言う人々もいるが、家の中で家族同士は「お父さん、お母さん」「パパ、ママ」、子どもたちのことは下の名前で呼び合っているはずで、姓と家族の紐帯《ちゅうたい》とは関係ないし、成人後の姓は子どもに選ばせればいい。子どもが戸惑うことが心配な夫婦は同姓を選択すればいい。社会の実態として別姓の選択権を奪うデメリットのほうがはるかに大きくなっている。

この点、ＪＴＣ（伝統的日本企業）の総本山とも見られてきた経団連が、最近、選択的夫婦別姓の早期実現を提言したことは素晴らしい。ＪＴＣも真剣にトランスフォーメーションへ動き始めている一つの証左だ。

選択的夫婦別姓制度の導入は、本格的キャリアを指向する女性をエンカレッジすることになるので、イノベーションの時代に求められる職場の多様化を後押しするし、働く人の数と付加価値労働生産性を押し上げて労働供給制約の緩和にも貢献する。共働き共育て時代の少子化問題解決にもポジティブに作用する。すでに国民の大多数が賛成し、夫婦同姓を選びたい人々の選択権を奪わない以上、民主主義の基本ルールである多数決原理で決着をつけ、改革を実現すべきである。

そもそも明治の殖産興業も戦後の高度成長も、それを真に実現可能にしたのは、識字率が高く、読み書きそろばんができ、根は真面目で働き者の平均的な国民（庶民）の現場力だった。昔から「将は三流、兵は一流」と言われる所以だ。このことに鑑《かんが》みると、この歴史的大転換期にあたり、我々はもう一度、江戸以前の（そして市井の片すみを照らしながら現代に脈々と続く）庶民の世界観、社会観、人間観を見直して、この国をカラフルで愉快で和気あいあいとした国、組織や先輩後輩やら身分制的な上下関係で窮屈な思いをしないフラットな国につくり替えるべきときが来ていると思う。

例えば、今や世界的コンテンツであるコミックやアニメであれ、次から次へと世界チャートを賑わす才能が出てくるＤＴＭ（デスクトップミュージック）であれ、かつて「サブカル」と言われていたものと、それを創り出しているような人たち、昭和っぽい窮屈なものから自由なミレニアム世代、Ｚ世代の若者たちが、これからメインカルチャー、メインストリーマーになっていくべきだし、そうなりつつあるのが今の日本なのだ。

⑦「複雑性」「ややこしさ」が勝負、シン基幹産業が何かを間違えるな

この国の長い歴史の中でほぼ通底することの一つとして、複雑な仕事を集団で再現性を持って丁寧に行う産業的能力の高さがある。これは古くからの農業はもちろん伝統的な工芸品生産（戦国期の伝来からあっという間に鉄砲を大幅に改良し、世界一の大量生産を行えたのも一例）、明治以降の工業近代化、そして昭和の高度成長期の電機、自動車製造業へと一貫している。

「複雑性」が問われ、「ややこしい」ことを実行できることが付加価値の源泉となる産業領域においては、我が国の産業競争力は昔も今も高いレベルを維持している。それは必ずしも製造業に限られない。例えば1964年に開通し今でも世界の高速鉄道の基本モデルになっている新幹線のオペレーションも同じくだ。UCサンディエゴのシェーデ教授が著書『シン・日本の経営　悲観バイアスを排す』で明らかにしている通り、生産物の複雑性指標でみると、失われた30年間も日本は世界一をキープし、この領域に集中している高収益、高成長の日本企業は数多く存在する。

日本は資源が乏しい国であり、エネルギーや食料を輸入しなくてはならない。そのためには国際収支が安定的に均衡する必要があり、相当規模の外貨を稼げる産業、すなわち基幹産業が必要である。

かつてなら基幹産業と言うと、鉄鋼、電機、半導体、自動車などの大型の大量生産品ビジネスを軸に考えるところだが、これからは複雑性を基本要素としてグローバルな付加価値競争力、稼げる産業、稼げるビジネスモデルを選択していくことが重要となる。

実は今までのこうした「大玉」産業の成功の本質も、複雑性のあるオペレーションを実現する現場力であり、大量生産による規模の力ではなかった。そこを間違えてはいけないし、人口減少時代において、一つの産業で巨大な工場がいくつもでき大量雇用を行う大型製造業の必要性は下がっていく。むしろ個々の事業や企業のサイズは小さくても構わないので、複雑性が高く持続的に高い付加価値をとれる種目が大事になる。

そうなると一つひとつの事業単位は大中小さまざま、事業モデルは多岐多様になるので、これを政府が産業政策的に計画支援することは極めて困難だ。基本は民間企業の選択と集中力、事業モデル創造力、探索力が鍵であり、それを促すためのコーポレートガバナンス改革とスタートアップ支援は引き続き重要である。

それから、大きな塊（500万人を超える雇用サイズ）で基幹産業化しうる「複雑」産業は、明確に観光ツーリズム産業である。この裾野は広く、交通インフラ産業、農林水産業、道路やエネルギーや通信などの社会インフラとその上に宿泊、飲食、アクティビティサービスなどが重層的に重なり、旅行者がストレスなく美しい自然や歴史的文化財やおいしい食事を楽しもうと思うと、こうした要素（しかもその少なからずが労働集約的な業務）がそれぞれに複雑なオペレーションをこなし、なおかつ要素間もすり合わされていなくてはならない。しかもこれからはネットとリアルのすり合わせも必須となる。こんな「ややこしい」ことを国全体でできるところは多くない。

もともと世界クラスの観光資源に恵まれている我が国が、持ち前の現場オペレーション力を発揮し、それを高付加価値のビジネスモデルに昇華できれば、観光ツーリズム産業は持続可能なシン基幹産業となる。

⑧昭和の身分制を破壊せよ

戦後、この国には新たな身分制が生まれ、それは一時期まで国民生活を豊かにする機能を果たした。正社員サラリーマン（夫）と標準家庭（専業主婦の妻と子どもたち）モデルである。

大量生産型工業を軸にする産業立国において、終身雇用、年功賃金の正社員サラリーマンという雇い方、働き方、生き方が生まれ、夫がそのメンバーシップの一員となることで標準家庭（夫、妻、子ども二人）を支える生涯賃金が保証される。このシステムは昭和30年代後半から高度成長による人手不足対策として、企業の労働者囲い込み手段として発達した雇用慣行を起源とするものだが、これがやがて有形無形に制度化され、税制、社会保険、裁判例なども整合的に整備され固定化していく。

しかし、大量生産工業が国内に大量の良質な雇用、高い付加価値労働生産性を生み出せる領域が減りだした80年代後半からこの仕組みが揺らぎだし、90年代以降のグローバル化とデジタル革命で決定的な齟齬《そご》が生まれていった。

また、経済も社会も工業化から情報化フェーズに移行してオフィスワークシフトが進む中で、男性が働き女性は家庭を守るという役割分担の合理性はなくなり、もともと庶民にとっては明治時代に人工的につくられた「家父長制」「良妻賢母」モデルは、多くの女性にとって説得力を失っていった。

つまるところ正社員サラリーマン＆標準家庭という身分を優遇する必要性、合理性、妥当性はなくなっていったのである。言い換えれば、正社員を優遇する仕組みも、サラリーマン（男性）優遇の裏返しとしての専業主婦モデルを優遇する仕組みも、今や合理性のない差別、憲法14条違反に近い状態にあるのだ。

女性が本格的に働こうとするときによく問題になる「壁」の問題はこの典型である。

住民税の課税が始まる「１００万円の壁」

所得税の課税が始まる「103万円の壁」
社会保険の加入義務が生じる「106万円の壁」
扶養から外れる「130万円の壁」
配偶者控除が減少する「150万円の壁」
配偶者特別控除が減少する「201万円の壁」

ここで社会保険の義務的加入が年収の低い非正規労働者には適用されない仕組みになっていることは、保険金の支払い補塡に税金が投入されていることを考慮すると、これまた働き方や所得による差別である。これはすべての労働者を一律加入させるべきだし、企業も人手不足時代に労使折半コストをケチっている場合ではないのだから反対すべきではない。同じ脈絡で正規と非正規間の同一労働同一賃金化も本気で徹底すべきである。

もちろん専業主婦になりたい女性はいるだろうし、それを否定する気はさらさらない。要は特定の生き方を標準身分的に設定し、それを優遇する、あるいはそこに誘導するようなことはもう止めたほうがいい時代になったということ。それで国民生活を豊かにできる時代は終わったのである。多様な働き方、生き方に対して、国の制度や社会の仕組みは中立的であるべきなのだ。

⑨昭和なホワイトカラー身分による中間搾取を排除せよ

昭和なホワイトカラー身分が令和の現代に惹起《じゃっき》している大きな問題は、彼らが古い産業構造に固執し中間搾取を継続してしまい、産業が近代化、現代化しないことだ。さらに、せっかくのポテンシャルを活かせないまま、低い付加価値労働生産性の「やりがい搾取」産業化するという問題がある。その典型がアニメをはじめとして、その潜在力においては世界クラスの域に達しているコンテンツ産業、エンターテインメント産業である。

過日、官邸でコンテンツに関する会議が行われ、日本の俳優、脚本家、クリエイターの人たちが虐げられているという話が出た。出席者として「誰も知らない」「万引き家族」などの是枝裕和監督と、「ALWAYS 三丁目の夕日」「ゴジラ－1.0」などの山崎貴監督が出席し、クリエイションの現場の話をしてくれた。

驚いたのは、是枝監督がカンヌ国際映画祭でパルム・ドール（最高賞）を獲得した「万引き家族」で手にした報酬が、極めて安価だったことだ。驚愕のあまり、目が点になってしまった。あれだけの映画をつくり、世界中でヒットさせても、それだけしか稼げないのはどうにも理不尽だ。

これはエンターテインメント産業に従事する俳優やミュージシャンの世界でも多かれ少なかれ起きていることだが、従来はこうしたコンテンツをマス消費者に届けるにはテレビ局や映画会社、大手レコード会社のような限られたプラットフォームしかなく、個々の才能がそこに到達するまでにさまざまな役割分担が必要だった。芸能プロダクションがネットワークを張り巡らし、足で稼ぎ、発掘した才能を手取り足取り育成する。それを広告代理店が媒介になってCMに使ったり、ドラマやイベントや映画企画につないで売り出していく。要は超アナログモデルの産業だったのである。

このアナログモデルは世界共通してそうだったのだが、この構造では当然、クリエイターやタレントの立場は弱く、実際にコンテンツ価値の創造に関与しない大組織のホワイトカラー身分による搾取が業界の垂直構造の中で生じる。最近、顕在化した某大手事務所の性加害スキャンダルの根っこもここにある。

アメリカは、日本に比べてはるかにクリエイターやタレントの権利が強くなっている。これは、職能別組合がストライキと訴訟によって勝ち取ってきた歴史に基づいている。最近も、脚本家組合がＡＩの問題でストライキを実行していた。アメリカの映画製作はクローズドショップ制（労働組合に加入している人しか使えない）に限りなく近いため、組合員以外を使って仕事をさせられない。彼らにボイコットされると、映画やドラマが撮影できなくなる。週休2日、1日8時間労働の枠でしかスタッフを使えない。これは、組合運動が勝ち取った権利である。その運動家の一人が長く全米俳優組合の委員長を務めたあのレーガン元大統領である。

この手の話はソフト開発の世界やデザイナーの世界でもあるわけで、既存の垂直的多層構造は、デジタル化、ネット化の時代でその多くが不要になっているにもかかわらず、ホワイトカラー身分の昭和なおじさんたちが既得権を手放さずにいるケースが多い。

我が国でも労働組合が目覚めて本格的な職能別組合をコンテンツ領域でも結成するか、公正取引委員会が頑張って競争政策をフル活用して、このようなホワイトカラー身分による中間搾取を排除すべきである。

⑩シン「学問のすゝめ」
――ローカル才能、グローバル才能それぞれに可能性をフル追求できる教育システムを

漫然と（できれば東京の四年制）大学を出て、漫然と（できれば東京のＪＴＣ）ホワイトカラーサラリーマンを目指す、という生き方が、必ずしも個人も社会も豊かにしない、人生を愉快にできない時代を迎えている今、教育システムも歴史的な大転換を求められている。

ローカル経済圏の地域密着産業で働くことになる大多数の人々が豊かに愉快に生きていくための学び。それからグローバル経済圏で世界と勝負する、おそらくは少数の人々が取りこぼしなく才能を見出され、「タコタコ上がれ天まで上がれ」とどんどん才能を伸ばす

ための学び。それぞれに同価値で尊重され、それぞれに環境が整備されている、そんな教育システム、特に高等教育システムへの転換が急務である。

ローカルな才能にとっては何と言っても技能教育、職業教育が大事で、その少なからずはリベラルアーツの基礎編、福沢諭吉がすすめている実学的な「学問」の現代版でもある。実学は日々進化していくので、個人がアップデートしていくためには継続的なリスキリングが必要で、リカレント教育機能も強化する必要がある。おそらくこのタイプの高等教育機関が我が国の大学あるいは学部の9割くらいになるべきだ。ちなみに熊本をはじめ九州地域が半導体製造立地として世界から評価されている理由に、豊富な水と電力だけでなく、何よりも高質な現場技能者、高専型の技能教育を受けた人材の厚みがある。

グローバルな才能の教育については、世界トップレベルのアカデミア、テクノロジーの最先端、グローバルビジネスの最先端で活躍できる人材、スポーツで言えばナショナルセンターのような仕組みでなくてはならず、またここで勝負する日本の大学、高等教育機関は世界の同様の教育機関とシームレスにつながるコミュニティに入っている必要がある。知の世界のトップリーグ、トップツアーはそういうコミュニティであり、若者はそこで戦わなければ世界トップクラスにはならない。そうなるとせいぜい1割くらいの大学や学部しかここでは存在しえないだろう。

これが大学業界、特に文系の先生方に大不評だった「L型大学」「G型大学」論だが、大炎上してから10年間で状況はますます私が主張した方向へ加速している。

明治の大変革に際し、福沢諭吉翁は、まずは日本人が自らをアップデートしなくてはならないという思いで『学問のすゝめ』を著した。今、同じような大転換期にあたり、我々は令和のシン「学問のすゝめ」を始動、実践しなくてはならないのだ。

⑪カイシャ共助型から社会共助型セーフティネットへ

戦後の昭和型成功モデルはすぐれて日本型の「カイシャ」システムに依存していた。これは企業の大小を問わず、である。セーフティネット面でも同様で、会社という単位で税や社会保険料を徴取し、会社を通じていろいろな給付も行う。その典型が雇用調整助成金で、コロナ禍で急激に企業業績が悪化したとき、大量失業によって社会不安に陥らないように国は雇用の維持を条件に賃金の一部を肩代わりする給付を行っている。

こうした仕組みは中間法人を介することで行政効率はよくなるし、カイシャというものが経済的にしっかりして雇用力もあれば、生涯雇用保障とセットで堅固な社会的セーフティネットとなる。

ところがこれも時代的な変遷とともに怪しくなってくる。この仕組みはあくまでもカイシャ内での共助であり、正社員を想定しているので、経済状況が変化し既存企業の正社員雇用力が失われると、非正規という形でセーフティネットからこぼれる人が増える。コロナ禍でも弱い立場にある非正規のシングルマザー家庭などは、なかなか一時金をもらえず困窮が深刻化した。

また、会社が倒産や廃業するとこのセーフティネットには穴が開くので、企業の新陳代謝は社会悪となってしまい、それを抑える方向に政策も経営も金融も傾いてしまう。要は生産性向上や競争淘汰よりも企業を現状のまま守り、既存雇用を守る方向へ向かわざるを得ず、結果的に生産性と賃金の上昇の足を引っ張ってしまうのだ。

加えて、新しい成長企業は、実質的にカイシャモデルではないところが増えており、働く人々もカイシャモデルの専業サラリーマンではない選択をする人が増えているので、カイシャ共助システムの包摂力はますます失われている。

大転換の時代において、セーフティネットの包摂性を取り戻し、新陳代謝のダイナミズムを機能させ、より高い生産性の産業や企業への雇用の流動化を進めるには、過度なカイシャ共助依存型のセーフティネットを社会共助型へとリバランスする必要がある。

対個人給付型の政府によるさまざまな支援プログラムやサービスプログラムの充実とデジタル技術による給付の効率化・迅速化・緻密化や、大学などの教育機関やＮＰＯなどが提供する個人に対するセーフティネットの仕組みを産官学、そして労働組合が連動して強化する必要がある。この社会共助型システムについては北欧に多くの学ぶべきモデルがあるので、日本得意のキャッチアップアプローチでかなりいい線まで行けるはずだ。

⑫国も企業も付加価値労働生産性向上の一本勝負！

結局、この国が直面しているいろいろな課題を克服するヘソは付加価値労働生産性の向上である。この低さ、あるいはデフレ不況と人余りで低く抑えざるを得なかった諸々の状況が、経済成長の停滞、上がらない賃金、ブラックな職場、世界企業から引き離される利益と成長、少子化の加速、インフラの脆弱化、財政の悪化……の根っこにある。

もちろんこれだけですべての問題は解決しないが、付加価値労働生産性が上がらないことには解決の道は拓けない。そして幸いにも構造的、恒常的な人手不足の時代に入り、雇用を守るためにこれを低く抑えざるを得なかった諸々の事情は一変した。さらにインフレ時代となって付加価値労働生産性を上げないと実質賃金が減少する状況になっている。

要は世界でもまれに見る付加価値労働生産性を躊躇なく押し上げられる国、雇用とのトレードオフに経営者も労働者も政府も直面しない国、それどころか生産性を上げて実質賃金を持続的に押し上げないと、どんどん貧しくなる国になったのだ。

付加価値労働生産性×労働分配率＝賃金
付加価値労働生産性×総労働時間＝ＧＤＰ

そしてこれが先進国の中でも極めて低いからこそ賃金もＧＤＰも大きな伸びしろがある。

経済政策は付加価値労働生産性至上主義でいくべし！
企業経営も付加価値労働生産性至上主義でいくべし！
この観点から国も民間もその障害となっている制度、規制、慣行の有無を総点検し変えていかねばならない。

規制改革はその典型だが、従来は市場開放→新規参入→競争激化→利便性向上と価格低下→消費者メリットという構図で、競争激化を嫌う既得権益者と利害が衝突する論点が多かった。しかし、最近話題のライドシェアもそうだが、論点は労働供給制約のなかでどうやって生産性を上げて需要を満たすか、という方向に大きく変わっている。すなわち、本当はここでも競争を嫌う従来事業者vs.新規参入者的なトレードオフの対立構図ではなくなっている。新しい技術やサービスモデルを導入して労働生産性を上げたいのはどちらも同じだからだ。そして実質賃金を増やしたいドライバーも同様だ。

ライドシェア騒動などを見ていると、まだまだマインドセットが古く、このような状況変化に気付いていない既存事業者が少なくない（実はメディアも）が、そういう事業者は早晩、人手不足倒産、人件費倒産で退出に追い込まれるだろう。そういう事業者を救わないことも大事である。なぜならもっと高生産性で高賃金を払える事業者がその空白を埋めるからだ。

⑬人的資本の強化に向けて労働市場の改革を急げ

付加価値労働生産性の向上を経営資源経営の窓から見ると、それは人的資本生産性の向上である。もともと世界の産業競争の軸、特に先進国企業のそれは知識集約軸、無形資産軸にシフトしている。そのカギを握るのは人材であり、人的資本の強化、充実は企業経営の中核的テーマになっている。「三方良し」などと言っている日本的な人を大事にする経営よりも世界ははるか先に行ってしまっている。その上、この国は人手不足時代に入り、人的資本生産性の向上は緊要の課題である。

二重の意味で人的資本の強化は、我が国の官民双方にとって最重要課題なのだ。

その意味で資本市場側からのアプローチで人的資本開示の強化を求めるコーポレートガバナンス改革の方向は正しい。また教育面では高等教育の改革やリスキリングの強化も有効である。

加えて重要なのは、労働市場改革である。特に外部労働市場の機能を強化し、人手不足時代に低い人的資本生産性の企業から高い企業（付加価値労働生産性が高く給料も労働条件もよい企業、人的資本投資も熱心な企業）への労働移動を進めることが極めて重要だ。これは企業、産業の新陳代謝すなわち淘汰再編とイノベーションを否応なしに進める。

その点、従来の我が国の労働市場はカイシャシステム、終身年功のメンバーシップ型雇用に引っ張られて、極めて内部労働市場偏重型（社内での配置転換や昇進昇格で雇用のミスマッチ調整を行う）になっている。破壊的イノベーションとダイナミックなゲームチェンジングゲームの時代にこれでは対応しきれなくなるのは明白である。すでにこれだけの人手不足になりながら、なかなか賃金上昇率がインフレ率を上回れないのも、外部労働市場の脆弱性に起因している（実際、コロナ明け後の賃金指標では、流動的外部労働市場が機能している非正規雇用の賃金上昇率が正規雇用のそれをコンスタントに上回っている）。

岸田内閣が打ち出した「三位一体の労働市場改革」はその実行を急がなくてはならないのだ。

ちなみに雇用の流動化でいつも話題に上るのが解雇規制の改革だが、非常に重要な課題である一方で、今どき政治的にハードルの高いこの問題を単純な緩和論で議論するのは生産性が低い。というのはこれだけの人手不足になると解雇規制の緩和で流動化する労働力はあまりないし、実際、人員調整をしたい場合、今の解雇権濫用法理の解雇4要件があっても企業はあまり困らない。人が余っているのは概ねＪＴＣの販売管理系のホワイトカラーなのだが、ほとんどの場合は希望退職で乗り切れる。本書で強調してきた通り、この人たちにとって真に重要なことは、アンラーンとラーン、スキリングとリスキリングである。

実際この大転換の蠢《うごめ》きを感知している人たちは潜在的にどんどん増えていて、これからの人生のキャリア形成を考えているところに希望退職が提示されると、概ね募集数の2倍から3倍の応募が来るのが相場観だ。三井鉱山、カネボウ、日本航空等々、現役経営者としてはもっとも多くこの問題と対峙してきた私の経験で言えば、我が国が海外と比べて人員整理が難しい、というのはほぼ都市伝説。現実とは違う。むしろ解雇4要件の中の解雇回避努力義務については、これをより広く失業回避努力義務に広げ、社内での配置転換や出向だけなく、リスキリングを通じた転職支援まで企業に努力してもらう、ある意味、規制を強化したほうが雇用の流動化には有効である。

それともう一点、制度的に改革を急ぐべきは、不当解雇に対する選択的金銭救済制度の導入である。あらかじめ言っておくが、これは金銭解雇とは違う。不当解雇という法的評価が下った場合、労働者の選択で職場復帰か、救済金をもらって転職するかを選べる制度である。現状は法的には前者しかなく、労働者は長い裁判をアルバイト生活で耐えて職場復帰を勝ち取るしかない。それも不当解雇をするようなブラックな職場への、だ。であれば、さっさともっといい会社に転職して救済金をがっつりもらうほうが合理的なケースは多いはずだし、この選択肢があったほうが事前の労働審判などの調停でも有利な交渉ができる。

この制度ができると、会社が小さくて労働組合がなく、そのバックアップを受けられないなどの事情で労働者の泣き寝入りになっていた不当解雇も抑制できるし、救済金相場が中小企業でもリストラ時の下限相場になるので、これを払えない企業の新陳代謝も進む。

要はこうした紛争解決にせよ、退職金税制や社会保険制度にせよ、働き手からみて、その会社で働き続けるか、転職するかについて中立的な制度に転換すべきなのである。

⑭チープレーバー移入型ではない国際的な多様化を

生産年齢人口の減少に対して海外の労働力を大量に移入すべきという声は根強い。もちろん急激に進行する人手不足問題に対し、国内の労働力だけで対応するのは難しい。

しかし、この選択肢、とくに量的な不足を海外から低コストのチープレーバーで補うということは、今の日本にとって最悪の選択である。

これに走ると我が国の産業も企業もデフレ型の安易な経営手段を復活させることになり、肝心の付加価値労働生産性向上の足を引っ張ることになる。国際社会における我が国のレピュテーションとしてもチープレーバー＝奴隷労働近似的な批判を招きかねない。そこで人権に配慮して家族同伴の永住型の来日を認めると、むしろ非生産労働人口が増えて人手不足問題が解消しないばかりか、さまざまな社会コストが増え、欧州や米国が抱え込んでいる深刻な社会分断問題を招くリスクもある。

他方で、新しい時代において日本の社会、産業が必要としているのは多様化、多元化であり、そこにさまざまな外国人が入ってくることは極めて望ましいことである。パリ五輪での日本選手の大活躍においても、スポーツ界で進んできた人種的な多様化や出身地域の国際化が貢献している。搾取型ではなく、価値創造型の日本社会への参画モデルである。

結論として我々が追求するべきは、日本人と同じ労働条件で同様の労働保護を受け、付加価値労働生産性の向上に貢献できる外国人を受け入れる、あるいはそういう人材がしかるべき教育訓練を受けた上で実社会に参画し、本人とその家族がこの国で自己実現してもらうという道である。

⑮アドバンスト現場人材の時代、シン「分厚い中間層」づくりを急げ

分厚い中間層がある社会が、社会の安定にとっても、持続的な経済成長にとっても、多くの国民の生活と人生にとってもいいに決まっている。そしてこれからの分厚い中間層を形成しうるのは、圧倒的にローカル経済圏で働くエッセンシャルワーカー、観光産業などの現場技能人材である。そして人手不足社会の日本こそがこれを実現できる位置にいる。

技能高等教育の充実、リスキリング、デジタル化やビジネスモデルのイノベーション、卓越した経営者や経営体への事業と労働者の集約によって、現場系の技能職、専門職は、現在の2倍、3倍の付加価値労働生産性の仕事へ高度化できる。他方でホワイトカラー職種は二極分解しながら縮小していく。すなわち現場仕事、技能仕事をアドバンストに高度化させるアプローチ以外に、「分厚い中間層」をつくる道はないのだ。

生成AIの大進化によって、いよいよAI革命は本格フェーズに入る。この原稿も生成AIをリサーチアシスタント的に活用しながら書いている。ホワイトカラーの仕事の多くはこれに代替されることは間違いない。

過去の産業革命は社会の中核的な雇用の大々的なシフトをもたらしている。動力革命期に農村から工場のブルーカラーへ。情報革命でブルーカラーからホワイトカラーへ。そして今回、ホワイトカラーの多くの仕事が価値を失い、ブルシットジョブ化するなかで、私

はアドバンストな現場ワーカーがそのシフト先の第一候補と考えている。だとすれば、次のような従来の思い込み、マインドセットも転換しなくてはならない。

「なんとなくホワイトカラーが上で現場ワーカーは下？」

「給料もホワイトカラーのほうが高い。知的にも高度な仕事はホワイトカラー？」

「大卒は普通ホワイトカラー？」

欧州のマイスターに対する価値観が示唆するように、現場の技能職に対する尊敬はどの国も伝統的に持っていたものである。それは日本にもあった。考えてみればこうした技能職の頂点には医者やパイロットといった人気職種が今でも並んでいる。料理人でもオーナーシェフ、オーナーパティシエ、スター職人として成功する人が増えている。コンテンツやエンターテインメント産業、スポーツ産業に従事する人もある種、専門技能職だ。

そしてＡＩの大進化は多くの場合、こうしたリアルな技能職の高度化を補完財的に助けてくれる。したがって、こうしたセクターでどんどん人手不足が深刻になる中で、私はこうしたマインドセットの大転換は難しくないと考えている。リスキリングの仕組みや資格制度が整備され、変な中間搾取的旧弊を排除して行けば、シン「分厚い中間層」を実現できる日はそう遠くないはずだ。

⑯労働所得と資産所得のリバランスを進めよ

社会全体が高齢化すれば、必然的に労働所得に対して資産所得の比率を高める必要がある。急速に高齢化が進み、2121兆円もの家計金融資産（2023年）が積み上がっているのに、我が国の資産所得金額は少なすぎる。このままインフレモードに転換すると、資産所得増どころか、資産そのものが目減りしていく。

社会民主主義的な指向性の強い欧州においても、コーポレートガバナンス改革と企業価値の持続的成長が強調されているのは、インベストメントチェーンという考え方に基づき、企業価値向上は社会的な責任でもある、というコンセンサスがあるからだ。

インベストメントチェーンとは、株式会社は株主から資金を預かっているエージェントであり、それは機関投資家、さらにはアセットオーナーへと連鎖して、企業価値向上の最終受益者は、誰のモノでもない家計（自ら株式を保有または年金受給者として受益）か財団（運用益を教育、医療、福祉などのさまざまな公益活動に行う主体として受益）になっている構造のことである。この構造に鑑みると、長期持続的な企業価値の向上はそれ自体、重要な社会的役割を果たしているという考え方である。もちろんすべてがそうだとは言えないが、高齢化が進む我が国でもこの考え方が重要な意味を持つことは間違いない。

「資産所得立国」という政策はまったく間違っていない。いや、これから長期にわたり続く少子高齢化社会の持続可能性を所得面で高める政策である。

新NISAなどの資産形成プログラムや金融経済教育推進機構の設置による金融リテラシー教育の強化、そしてコーポレートガバナンス改革は、短期的な市場のボラティリティに惑わされることなく、長期的な視点で粘り強く継続していくべきだ。

⑰超長期的な人口戦略を遂行せよ

私は国土の広さや地形、災害リスクなどの観点から、日本列島には7000万人から8000万人くらいの人口で安定したら、さぞかし暮らしやすいだろうな、と思っている。個人的に人が多いところ、集まるところが苦手というバイアスも入っているが……。

問題は、あまりにも急ピッチで少子高齢化型の人口減少が続くことで、人手不足や社会保障の持続性などに赤信号が灯り、今や30年ごとに人口が約半分になるところまで落ち込んだ出生数では国家と国民の持続性も危うい、というところにある。国家百年の計において、人口が4分の1さらには8分の1に減少する危機なのである。

出生数は次のような計算式で決まってくる。


出生数≒カップル数×希望出生数×妊娠出産確率

カップル数と希望出生数はいろいろな要因、個人的な選好や価値観が影響するが、多くの調査結果が示唆する大きな要因は20代から30代の若い世代の「可処分所得」と「可処分時間」の多寡となっている。要はカップルとなり子どもをつくり育てるには相応の所得と時間が必要だということだ。すなわちこれまた付加価値労働生産性の問題に帰着する。裏返して言えば、他に即効的かつ持続的な手段はあまり見当たらない。だからこの二つの問題に苦しむ対象世代に対してできるだけ有効な財政支援を行いつつ、生産性の向上と多極集住型の居住（生活固定費と通勤時間の長い過剰集積都市東京への集中を緩和する）を超長期的に粘り強く進めるしかない。

最後の要素である妊娠出産確率は妊孕《にんよう》性とも呼ばれ、医学の進歩によって検査をすればその高低はかなり正確にわかるし、対処の可能性も上がっている。ここで重要なことは男性も女性も早めに妊孕性検査を受け、将来にわたる妊娠戦略を持てるようにすることだ。共働き共育てが前提の時代に入り、人生のどこに妊娠・出産・子育てというライフイベントを位置付けるのか。妊孕性に課題のある女性が初産年齢を高くしたい場合は、早めに凍結卵子の採取を行うことなどでそれに備えることになる。

現状、不妊治療への公的補助は強化されたが、多くの場合、かなりの高齢になってから治療に入る場合が多く、必ずしも治療成績は良好ではない。しかし、早い段階から正しい情報と戦略を持つことで解決できる問題は少なくないのである。特に女性の場合、妊孕性検査は広い意味での健康管理にもつながる。

すなわちこの要素については、政策的対応は即効性があり、なおかつ持続性もある。私も委員の一人である官邸の「こども未来戦略会議」でもこの点は認識されており、妊孕性検査に関する政策的な具体化と推進（特に国民の啓蒙が重要）が期待される。

⑱為政者、リーダーは日本社会の変革特性を理解せよ

大中小、さまざまな企業。大学や非営利法人や政府系機関。私は多くの組織の再生や変革に実務家として関わってきた。そこから見えてくる日本社会の変革特性として、平時においては漸進的な改善改良を超える変革は難しいということ。調和を重んじる文化が根強く、コンセンサスを大事にする意思決定プロセスを取るので、大きな変革を進めようとすると大変な時間がかかる。合意形成をしているうちに改革的な要素は影を潜め、改善提案のホチキス止めのようなものになってしまう。この弊害がもっとも顕著に出た一例が、猪瀬直樹さんの名著『昭和16年夏の敗戦』（中公文庫）に描かれる、太平洋戦争開戦当時の政府中枢における意思決定の不全である。

逆に再生・復興局面のような危機的ショック状態に入ると、生き延びるためには何でも

ありになって、かなり過激な改革もトップダウンで進めることが容認され、組織の大きな変革、不連続な変革が可能になる。

組織のリーダーシップを取る者は、この変革特性を理解しておいたほうがいい。すなわち人々が平時感覚のときに多くの改革マターを一斉に仕掛けると大変なエネルギー、ポリティカルキャピタルを使うことになり、虻蜂《あぶはち》取らずで力尽きる場合が多いということだ。言い換えれば、改革モードにおいては勝負すべきテーマは絞り込まなくてはならないということである。

逆に、再生局面のように人々がリアルに痛みを感じる状況が来ると、一気呵成《かせい》に大きな変革の始動が可能となる。

現在の日本が大きな変革を必要としていることは間違いないが、その多くがものごとを180度逆転させる必要があるテーマであり、改善的アプローチ、コンセンサス重視型のアプローチではほとんど何も変えられない。そこで全体として平時的な空気の中で少しでも前進するには、テーマの戦略的絞り込み（何を不連続な改革的アプローチで行くか、何を改善的アプローチでしのぐか）が必要となる。

その一方で、何らかの大きな痛みやショックが多くの人々に共有され、有事モードへの空気の転換が起きたら、そのチャンスを逃さず、本当の破綻に至る前に一気呵成に大変革、すなわち「革命」を進めるべし。そのためには変革後の姿形についてあらかじめ考え抜いておく必要がある。偶然は準備された心の味方（byパスツール）なのだ。

ちなみに本書で何度も繰り返している通り、労働供給制約社会においては、改革的なアプローチに対する抵抗力、反発力は弱まっている。失業という国にとっても企業にとってももっとも深刻なトレードオフ問題から解放されているからだ。改革的なアプローチで勝負に出たときの勝率は間違いなく上がっている。

リーダーたちよ、革命家たれ！

⑲アンラーンとラーン、スキリングとリスキリングを国民運動へ

本書で示したアンラーンとラーン、スキリングとリスキリングは、社会の大転換期にあって国民運動的なものにしなくてはならない。

それは政府、企業、教育機関、非営利法人などなどさまざまな組織や機関と、最後は個人の運動でなくてはならない。学ぶ主体の基本単位はあくまでも一人ひとりの個人なのだから。

そして何よりもホワイトカラーのトランスフォーメーションを進めると同時にアドバンストな現場人材を分厚い中間層に押し上げていかねばならない。

⑳青年はローカルをめざす――ローカル経済圏をサブスリー経済圏に！

いささか古い話になるが、１９６０年代の終わり、五木寛之氏の『青年は荒野をめざす』という小説がヒットし、ザ・フォーク・クルセダーズが同名の曲（作詞はおなじく五木寛之氏）をヒットさせている。

これは20歳の若者があえて大学に行かず、ロシア（当時はソ連）、北欧、フランス、南欧へと放浪の旅に出て、さまざまな経験をする話なのだが、当時の若者が暖かな故郷を出て挑戦的に荒野をめざす、と言えば海外ということだったのだろう。我が国は島国のせいか、上の世代ほど日本と海外、ローカルとグローバルを対立概念のように両極に置く傾向がある。海の向こうは遠いところ、無限の可能性が広がるところ、有為な若者なら必ず目指すべきところ、昔なら海の向こうに極楽浄土がある、といったイメージだろうか。

１９６０年代は海の向こうはまだとても遠いところだったので、この話もわからなくはないが、私のように日系帰米二世を父親に持つとあまり海外の特別感はなく、グローバルとローカルは自然につながっていて、その間に上下感はまったくなかった。だからスタンフォード大学留学から帰って来て、いきなり大阪ローカルで、どぶ板営業の現場プレイングマネージャー的な仕事にアサインされてもまったく「都落ち感」はなかった。むしろ私にとっては、いわゆる秀才エリートが集まるスタンフォードビジネススクールの空間よりも、大阪のどぶ板営業空間のほうがはるかにフロンティア感、荒野感があった。

子どもの頃からネット空間で世界中のコンテンツ、世界中のいろいろな人たちを見ているデジタルネイティブの若い世代もこれに近い感覚なのではないかと思う。パリ五輪で大活躍した五輪選手たちを見ても、プロサッカー選手や女子プロゴルフの選手たちを見ても、トップレベルの舞台を目指したらそこは海外だった、という感じで、海外であること自体に特別感はない。自宅でつくったDTMの楽曲がいきなり世界チャートの上位に入ってしまう今どきのミュージシャンも同様だろう。

前章で紹介した、VFJやサーチファンドで活躍する若者、私が社長を務める日本共創プラットフォームで活躍するぴかぴか経歴の若手中堅スタッフを見ていても、「青年は荒野をめざす≒海外をめざす」の時代からモードが変わったことを感じる。この傾向はデジタルネイティブ度合いが高まるミレニアム世代、Z世代と加速度的に強まるだろう。

実は国連などによる世界の人口動態予測では、人口増加ペースは徐々に低下し、今世紀後半には減少に転じるとされている。基本的な要因は我が国と同じ少子化だ。実際、欧米でも移民効果を除くと、ずっと前から少子化は進んでいるし、東アジアはいずれも日本以上に少子化が進んでいる。

よく課題先進国日本と言われるが、人口動態という社会のもっとも根本的なトレンドにおいて、日本は人類全体の最先端、まさにフロンティアにあり、そのまたフロンティアはローカル経済圏である。青年が目指すべき荒野の一つは明確にローカルなのだ。

しかも、このセクターは短距離走で言えば100メートル30秒くらい、マラソンなら5時間くらいのペースの生産性（≒賃金も）で走っている企業や個人がたくさんいる。同一業種の世界の上位国の約半分だ。日本人の本来の力はそんなもんじゃない。オリンピッククラスの人の記録を半分にする、いや1割、2割縮めるのであれば、ほぼ不可能だが、100メートル30秒を20秒、15秒、あるいはマラソン記録を4時間、3時間と縮めるのは、優秀な指導者のもとで正しい努力を積めば、多くの企業と個人にとって十分に可能である。まさに伸びしろの宝庫、ローハンギングフルーツだらけである。

だから荒野というよりも未開拓の沃野《よくや》が広がっていると言ってもいい。

有言実行。私はコロナ禍の2020年、仲間と一緒に株式会社日本共創プラットフォーム（JP·iX）を設立して、ローカル企業への投資、経営を行うことでこの沃野のフロンティア開発に乗り出した。自分にとっては還暦ベンチャーとしてスタートしたJPiXは、驚くべきスピードで成長している。

青年よ、私たちと一緒にローカルを目指そう。そして、この空間の付加価値労働生産性をサブスリー（マラソン3時間以内）に引き上げようではないか。

おわりに　「ややこしさ」に強い「両利きの国」への大転換を急げ

160年前と80年前、そして60年前と30年前。この二つの倍数の組み合わせは、我が国の歴史において大きな意味を持っている。前者が明治維新と敗戦。後者は高度成長期入りとバブル崩壊による長期停滞入り。

いずれも日本の大きな変曲点、ある意味、革命的な変化が起きた転換点であり、我々は今、両者の倍数の交差点にいる。まさにそのタイミングで、長年続いてきた少子化傾向の結果として、急激な人口減少と深刻な労働供給制約という極めて根源的で長期的な構造変化が顕在化している。これは過去の変曲点にはなかった、新しくかつ大きな変曲点である。

本書を書いている2024年8月。岸田首相の自民党総裁選不出馬表明によって、新しい自民党総裁、新しい首相を選ぶ総裁選がスタートしたところである。

誰が総理大臣になっても、この歴史的な変曲点を乗り越えなくてはならない。いまだ大きな社会階級的クラスターであるホワイトカラーサラリーマンが危機と変容を迫られる中で、相当レベルの不連続性、革命性を持った経済と社会の改造が必要になるだろう。これは私たち企業経営者も同様である。もちろん日本人一人ひとりも。

しかし、恐れることはない。

今回の大トランスフォーメーションは、人手不足時代の到来が大前提にあるので、社会全体で見れば失業とそれに伴う貧困が長期大量に発生するリスクはほとんどない。むしろ改革を迅速に進めて付加価値労働生産性を向上させることで、国民の多くの生活は向上するし、衰退するホワイトカラーサラリーマン身分の人たちもマインドセットと技能のアップデート、すなわちリスキリングを正しく真摯に行えば、大半が新たな分厚い中間層の構成メンバーになれる。だからAI革命など怖くない。むしろ僥倖である。

言わば、今回の大転換は必然的に「無血革命性」を帯び、成功確率は高いのだ。

先進国の中でもトップ国の半分に過ぎない日本の付加価値労働生産性の伸びしろは大きい。日本人のポテンシャルはこんなもんじゃない（実際、かつてはトップクラスだった）。これをトップレベルに押し上げる（押し戻す）だけで、我が国のGDPも個人所得も2倍にできる。これは国力の増強でもあり、安全保障にも資するはずだ。Win-Win-Win の実に愉快な話ではないか。

戦後に優勢になった（役人を頂点としてその斜め下に大企業サラリーマン群、さらにはその下に系列下請け企業のサラリーマン群が位置する）ホワイトカラーサラリーマン身分の時代、言わばカイシャ幕藩体制の時代は、庶民が疑似士族になれる標準的な階級上昇モデルとして、多くの人々がそれを目指し、ある時点までは概ねその通りになっていた。しかし、そのモデルが衰退期に入った今、それに代わる大きな疑似士族階級的なものが見当たらない今、我々は代わりの「青い鳥」を探すより、企業も個人も多元的なありようを目指すべきだし、それはこの国の伝統に素直に立脚した在り方だと確信する。

私は日本社会の底流にある特長、なかでも（どの時代も圧倒的多数派だった）庶民が持っている向学心、勤勉性、共感力、共助性などの特長は、この国の長い歴史の連続性によって証明されてきた極めて強固なものだと考えている。その通底性、連続性こそが長きにわたってこの国の統一感と独立性が続いた基盤のように思う。そして歌舞伎や落語に描かれているように、その庶民社会は多様性にあふれる多元的、流動的かつ融合的なものである。こうした特長や社会特性は、ミレニアム世代、Z世代とデジタルネイティブ度合いが高まっても、いや高まるにつれて、さらに強固になっていると感じる。

ただ、これから向かう世界と現在の姿、生き方には大きなギャップがあるのも事実だ。そのギャップがもっとも大きいのは、「標準家庭モデル」、つまり標準的な成功モデルのレールに乗って生きてきたホワイトカラーサラリーマンとその予備軍たちだろう。

次の「青い鳥」はいないのだから、多様化、多元化する時代において、自分自身の生き方を見出す、自分自身の人生を生きるしかない。私も経営職というホワイトカラーの端くれであり、これからの人生も読者の皆さんと同じ問いに対峙し続けることになる。

私たちはどう生き、どう働くのか？

私たちがそれぞれの生き方、あてがい扶持《ぶち》ではない人生を生き始めたとき、この国の大転換は自然に進み、日本は「ダイナミックな成長」「活力ある幸福」にあふれる国になると確信する。

「はじめに」で、『学問のすゝめ』は当時の国民の10人に一人が読んだ計算になる、という話を紹介したが、この1割と言う数字はそれまでの支配階級であった士族身分の割合に近い。おそらく彼らの多くが『学問のすゝめ』を読んだのではないか。そして、北海道開拓民に、官吏に、産業人に、近代的軍隊の軍人に、貿易商に、学校の先生に、それぞれ自己変容し、新しい時代と新しいリーダー層の勃興を受容していったのではないか。

同じ脈絡で、本書はホワイトカラー層に、そしてローカル経済圏のトランスフォーメーションをけん引する中堅・中小企業経営者にこそ読んでもらいたい。読者の皆さんが本書の内容に共感してくれたなら、友人や仲間のホワイトカラー層に、規模の大中小を問わず企業経営者に、是非とも本書をすすめていただきたい。新しい時代へのトランスフォーメーションの主役は、（下手をすると被害者となり抵抗勢力になってしまうのも）こうした人々であり、彼ら彼女らが変わり、それぞれに自分自身の生き方を始めたとき、多元性の中に融合性、包摂性を併せ持った「両利きの国」、豊かで活力にあふれ、老若男女が愉快に生きていける国へと変容できると確信する。

最後に本書の執筆にあたりお世話になった新田匡央さん、依田弘作さん、ＩＧＰＩグループ広報の英綾子さん、そして本書のベースとなる発想に対し多大なるインスピレーションと知見を与えてくれた、川村隆さん、故中西宏明さん、宮内義彦さん、故出井伸之さん、故牛尾治朗さん、三村明夫さん、西山圭太さん、斉藤惇さん、故高木新二郎さん、奥野喜彦さん、竹中平蔵さん、岸博幸さん、森信親さん、翁百合さん、田中正明さん、増田寛也さん、山崎史郎さん、古屋星斗さんとリクルートワークス研究所の皆さん、新原浩朗さん、猪瀬直樹さん、田原総一朗さん、川淵三郎さん、村井満さん、伊藤邦雄さん、五神真さん、松尾豊さん、宮田亮平さん、大田弘子さん、家田仁さん、堀内勉さん、チャールズ・オライリーさん、ウリケ・シェーデさん、柳川範之さん、浜田敬子さん、山田久さん、後藤宗明さん、星岳雄さん、故青木昌彦さんなど、尊敬する知と実践の先達の皆さんに心からの謝意を表したい。

冨山和彦 とやま・かずひこ
IGPIグループ会長。日本共創プラットフォーム代表取締役社長。
1960年生まれ。東京大学法学部卒。在学中に司法試験合格。
スタンフォード大学でMBA取得。
2003年、産業再生機構設立時に参画しCOOに就任。
解散後、2007年、経営共創基盤（IGPI）を設立し代表取締役CEO就任。
2020年10月よりIGPIグループ会長。
2020年、日本共創プラットフォーム（JPiX）を設立し
代表取締役社長就任。
パナソニックホールディングス社外取締役、メルカリ社外取締役。

NHK出版新書 728

ホワイトカラー消滅
私たちは働き方をどう変えるべきか

2024年10月10日 第1刷発行
2024年12月30日 第6刷発行

著者 冨山和彦 ©2024 Toyama Kazuhiko

発行者 江口貴之

発行所 NHK出版
〒150-0042 東京都渋谷区宇田川町10-3
電話 (0570) 009-321（問い合わせ） (0570) 000-321（注文）
https://www.nhk-book.co.jp（ホームページ）

ブックデザイン albireo

印刷 新藤慶昌堂・近代美術

製本 藤田製本

Printed in Japan ISBN978-4-14-088728-8 C0233

NHK出版新書好評既刊

「ネット世論」の社会学
データ分析が解き明かす「偏り」の正体
谷原つかさ
「民意」を作るのは、わずか0・2%のユーザだった! 思い込みや偏見を排した定量的なデータ分析に基づき、「ネット世論」の実態に迫る快著。
725

新プロジェクトX 挑戦者たち 2
国産EV 隠岐 離島再生
心臓・血管修復パッチ
スパコン「京」 自動ブレーキ
NHK「新プロジェクトX」制作班
泥臭く、ひたむきに働く人々が乗り越えた幾多の困難。そこに大切なメッセージがある。新たな価値や課題に果敢に挑んだ地上の星たちの物語。
726

ドラマで読む韓国
なぜ主人公は復讐を遂げるのか
金光英実
韓ドラに復讐劇が多い理由とは? 韓国の人間関係は「親しき仲には遠慮なし」? ドラマ作品を通じて隣人の素顔に迫る、新感覚の韓国社会入門!
727

ホワイトカラー消滅
私たちは働き方をどう変えるべきか
冨山和彦
企業支援の第一人者が語る、これから起きる「労働移動」。ホワイトカラーが、シン・ホワイトカラーとして働き場所を新たに見出す方策を明瞭に示す!
728

風呂と愛国
「清潔な国民」はいかに生まれたか
川端美季
いつから日本人は「風呂好き」と言われるようになり、入浴することは規範化したのか? 衛生と統治をめぐる、知られざる日本近代史!
729